FRANÇOIS COPPÉE & ARMAND D'ARTOIS

Le petit Marquis

PIÈCE EN QUATRE ACTES

*Représentée pour la première fois sur la scène du Théâtre national
de l'Odéon, le 16 avril 1873*

AVEC UNE PRÉFACE DE J. BARBEY D'AUREVILLY

PRIX : 2 fr. 50

PARIS

ALPHONSE LEMERRE, ÉDITEUR

23-33, PASSAGE CHOISEUL, 23-33

M DCCCCIX

8° Yth
33236

Le petit Marquis

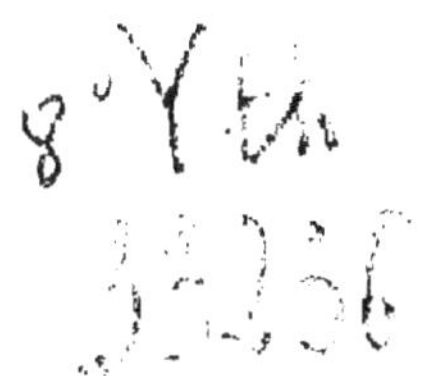

PIÈCE EN QUATRE ACTES

8° Y th
34236

DES MÊMES AUTEURS

La Guerre de Cent Ans, drame en cinq actes, en
vers . . . . 1 vol. in-18.

————— ——

*Tous droits de reproduction et de traduction réservés pour tous les pays,
y compris la Suède et la Norvège.*

FRANÇOIS COPPÉE & ARMAND D'ARTOIS

Le petit Marquis

PIÈCE EN QUATRE ACTES

Représentée pour la première fois sur la scène du Théâtre national de l'Odéon, le 16 avril 1873

AVEC UNE PRÉFACE DE J. BARBEY D'AUREVILLY

PARIS

ALPHONSE LEMERRE, ÉDITEUR

23-33, PASSAGE CHOISEUL, 23-33

M DCCCCIX

A propos du « Petit Marquis »

BIBLIOTHÈQUE NATIONALE / R. F.

———

I

’IL ne s’agissait que du drame du *Petit Marquis* et de ses auteurs, je me tairais. Je ne suis plus un critique de théâtre. J’ai chanté cette chanson joyeuse. Il ne s’agit donc plus pour moi du doux Coppée, la flûte élégiaque, à laquelle le sifflet, ce polisson de sifflet a enfin répondu ! Il ne s’agit pas de M. d’Artois, au nom dramatique, son compagnon... de sifflet dans cette galère du théâtre, mais il s’agit du public que j’adore ; il s’agit du suffrage universel concentré dans le cirque bestial (car on y est livré aux bêtes) d’une salle de spectacle ; il s’agit de bêtise populaire ; il s’agit des faiseurs de Barodet, appelés à juger des choses de l’esprit et s’en tirant comme des choses politiques ! Eh bien, c’est mon affaire à moi ! et comme dit le comte Almaviva, dans *le Barbier de Séville*, au vieux Bartholo, sur le ventre duquel il tape : « Bataille, c’est mon jeu ! »

Il a donc été, ô joie pour moi, malgré ma sympathie pour le doux et charmant Coppée, ce qu'il est toujours, le vieux Public, ce docteur Bartholo, Barbe-à-croc, Barque à l'eau, qui est encore le juge Bridoison par-dessus le marché ; qui est tout à la fois le tuteur et le juge, le tuteur trompé de toutes les pupilles qu'il croit charmantes et le juge imbécile qui condamne toujours de travers, et avec quel aplomb ! ce qu'il n'a pas compris ! ce délicieux Public, aux sentiments niais, dont la cervelle est dans le cœur, contrairement aux hommes d'État, qui ont, eux, le cœur dans la tête, disait Napoléon Ier, et qui s'est révolté tout à coup contre son Benjamin, le doux Coppée, parce que son drame n'était pas la mouillette qu'il aurait voulu tremper dans de vertueuses larmes.

Le sifflet de mercredi à l'Odéon doit donc s'appeler « *le Sifflet du cœur !* »

II

Le drame l'avait tout d'abord saisi cependant, le vieux bonhomme, le Prudhomme éternel ! Il ne s'attendait point, de la part du flûtiste élégiaque qui s'appelle Coppée, à un drame de la donnée la plus virile, — si virile qu'elle en est audacieuse ! Il s'était mis en fête. Il avait préparé ses vieilles bontés pour l'auteur sentimental du *Passant*, et il s'apprêtait à recommencer de sa voix de chantre ses *bravo, jeune homme !* Mais l'homme qui a poussé tout à coup dans M. Coppée l'a contrarié. Il s'est trouvé dégotté de son rôle de père noble et de protecteur du petit jeune homme auquel il voulait de sa lourde patte spatulée caresser la joue imberbe, mais à qui la barbe est, ma foi, venue ! et, au

troisième acte de ce drame sur lequel il ne comptait pas, et qui
l'avait figé de son énergie, voilà que, sans dire gare ! il s'est cabré comme un cheval dans son écurie, car même une rosse est
capable de peur !

Il a donc eu peur, ce vieux Public, cet épicier qui veut s'atten-
drir pour s'amuser, mais qui hait l'énergie. L'idée de la pièce
de MM. Coppée et d'Artois l'a effaré. Pour moi, elle est superbe,
cette idée. Un homme de cœur à passions profondes s'est cru
trompé par la femme qu'il a épousée par amour et qu'il a com-
blée de tous les dons de la vie. Il croit que le fils de cette femme
n'est pas son fils, et dans la douleur de cette découverte il a la
force de se taire, de se masquer pendant vingt ans et d'élever ce
fils pour les ripailles futures de la plus monstrueuse vengeance.
C'est un duc, lui, ce n'est pas un épicier, et il y a de l'aristocra-
tie dans sa vengeance. Il ose se faire le corrupteur de ce fils qu'il
hait. Il se dévoue à sa corruption. Il le suit partout, dans tous
ces horribles mauvais lieux où l'homme laisse son âme et finit
par laisser sa chair. Il le pousse dans tous les bras et dans toutes
les fanges. Il ne lui donne pas même le temps de respirer une
gorgée d'air pur et de vertu. Il le pourrit enfin sur pied, de manière à ce qu'il puisse tomber par morceaux et qu'au dernier
morceau de ce fils, tué et putréfié par toutes les passions qui
tuent et qui putréfient, il dise, en le lui rapportant, à la mère :
« Voilà le fils qui n'était pas de moi, et voilà ce que j'en ai fait ! »
Certes, une telle donnée peut être affreuse ; mais, pour tout ce
qui se sent de la flamme dramatique dans le ventre, elle est de
la plus terrible beauté. Que les jeunes auteurs n'aient pas été de
taille à lutter victorieusement avec elle, que leurs quatre mains
aient faibli sur la corne du taureau, qu'ils ont prise du moins
s'ils n'ont pas renversé la bête, ce n'est pas la question pour
moi, qui ne suis pas aujourd'hui critique de théâtre. La question
pour moi, c'est la beauté crâne de cette donnée qui a, pendant

deux actes et demi, empoigné tous les cœurs de la salle, et à laquelle tous ces faibles cœurs épouvantés, n'en pouvant plus sous cette étreinte, ont fait un écart et ont impétueusement échappé.

III

Qu'ils y eussent échappé plus tôt, qu'ils n'eussent pas, dès le premier acte, supporté la scène de l'orgie, où le fils s'abîme devant son père impassible dans la triple dégradation des femmes, du jeu et du vin; qu'ils n'eussent pas supporté cette donnée, plus cruelle que celle d'Atrée, car le sang du fils qu'il fait boire au père est du sang qu'il n'a pas souillé, je ne m'en serais pas étonné. Mais c'est quand le public — toute la salle — a pendant deux actes et demi accepté ce père et sa vengeance, que tout à coup, démoralisé par le sentiment, il se soulève, parce que ce père est fidèle à sa haine et à sa vengeance, et les auteurs fidèles à leur donnée, en faisant envoyer le fils par le père au rendez-vous où il va certainement être tué! C'est ici, pourtant, et non plus tard, que les sentiments niais ont fait explosion, et que le public, le vieil épicier, s'est démené furieusement dans son caveçon de vertu et de paternité indignées. Cependant, la situation était moins inattendue et moins forte que tout ce que le bonhomme cabré avait avalé jusque-là. En effet, un amour partagé par une fille innocente et charmante arrache le jeune libertin aux influences effroyables de son père. Il est sauvé, et c'est alors que le père, trompé dans les espoirs, les lenteurs et les saveurs de son atroce vengeance, se résout d'en finir d'un coup avec ce fils exécré et à l'envoyer tuer par un mari outragé, puisqu'il ne peut plus le pourrir. Certainement, pour qui sait comprendre, la situation est

moins effroyable qu’au premier acte quand le père dévoile le
projet de son infâme vengeance; mais qu’est-ce que cela fait au
public, la logique d’un caractère ou d’un drame? Je le voyais
qui, depuis quelques instants, soufflait comme un marsouin, et
c’est ce souffle de marsouin qu’il a poussé dans son sifflet! Et
quel tapage!

Il a sifflé comme il siffle quand il ne comprend plus! Il a sifflé
comme il siffle quand il a tort, car c’étaient, quand il a com-
mencé de siffler, les auteurs qui avaient raison! Il a sifflé comme
la vertu bourgeoise et les sentiments bourgeois grotesquement
scandalisés! A une première représentation, il aurait comme
cela sifflé Yago et Tartuffe, car ce sont eux des scélérats! et
même plus odieux que ce père qui saigne, lui qui, depuis vingt
ans, boit le sang de son cœur en silence et qui n’est, en somme,
qu’un passionné terrible, mais qui n’est ni un abject ni un scé-
lérat! Il a sifflé pour le désagrément de ces pauvres jeunes auteurs, qui n’ont pas aimé cette musique, mais pour mon plaisir
particulier, à moi, car toute bêtise de cet animal de public est un
argument de plus contre le suffrage universel, contre la royauté
de la foule imbécile, qui siffle aujourd’hui une œuvre qu’elle
aurait dû applaudir à la place *même* où elle l’a sifflée, et qui demain nommera avec applaudissements Barodet!

J. BARBEY D’AUREVILLY.

Avril 1873.

PERSONNAGES

MM.

LE DUC DE CARDIGAN. . . . . . . Munié.
HENRY, son fils . . . . Pierre Berton.
MAX DE CHANTILLY. . . . . . . Porel.
D'ECQUEVILLY. . . . . Talien.
DE CASTÉJA. . . . . Valbel.
DE BRIGNON. . . . . François.
D'ESTILLAC. . . . . Rebel.
JEAN . . . . }
UN DOMESTIQUE. . . . . } Fréville.

Mmes

LA DUCHESSE DE CARDIGAN . Eugénie Doche.
JANE DE SOULANGES, nièce du duc. Blanche Barretta.
HORTENSE MARÉCHAL . . . . . Gravier.
MARIE CORDIER . . . . Clotilde Collas.
ADÈLE DE LONGCHAMPS. . . . Marie Chéron.
CAROLINE JESSÉE. . . . . Noémie.

A Paris. De nos jours (1873).

Le petit Marquis

ACTE PREMIER

Un jardin d'hiver très élégant. Statuettes, plantes rares et exotiques. Les lampadaires sont allumés. Au fond, grande porte ouverte avec tapisserie. On aperçoit, plus loin, un salon très riche. Fauteuils, poufs, canapés ; une table servie au second plan.

SCÈNE PREMIÈRE

HORTENSE, MAX. *Au lever du rideau, Hortense debout, un miroir à la main, donne un dernier regard à sa toilette ; Max, assis sur un pouf, écrit mal commodément, sur un petit buvard posé sur ses genoux.*

HORTENSE.

Voyons, Max, avez-vous bientôt fini d'écrire les noms

des invités? Il est onze heures, le souper est pour minuit; notre monde va arriver, ce ne sera pas prêt.

MAX.

Avec ça que je suis à mon aise! (*Il se lève et lui tend les cartes, sur son buvard.*) Voilà les petits papiers. Madame est servie!... Non, c'est curieux, il n'y a jamais de quoi écrire chez les femmes! Joli, le petit buvard, mais d'un incommode! Quand je veux faire ici mes « Échos » pour mon journal l'*Information mondaine,* je suis obligé d'écrire sur mes genoux... Encore, si c'était sur les vôtres!

HORTENSE, *riant.*

Eh bien? (*Changeant de ton.*) Plaçons les convives. Ici, à la place d'honneur...

MAX.

Votre seigneur et maître, Lord Archibald Dolgelly, duc de Cardigan, pair d'Angleterre, ancien ambassadeur à Vienne et membre du Jockey!

HORTENSE.

Auprès de lui, Adèle.

MAX,

C'est ça, faisons donner la vieille garde!

HORTENSE, *riant.*

Un Anglais, ça lui rappellera Waterloo!

MAX.

Ah! très drôle! un écho pour l'*Information!* Ci, trois francs. Je le note. (*Il écrit sur un petit calepin.*)

HORTENSE, *riant.*

Elle ne vous coûte pas cher, votre copie!

MAX, *simplement*.

Puisque je suis « reporter » !

HORTENSE, *souriant*.

C'est juste. Là, comme d'habitude, son fils, le petit marquis !

MAX.

Notre célèbre petit marquis ! Un bon, celui là ! Éducation à la mode. L'ami et le compagnon de papa ; son rival, souvent heureux, au jeu, aux courses, à table, et même ailleurs !

HORTENSE.

A côté de lui, Marie ?

MAX, *vivement*.

Non, non, pas Marie, je la retiens ! J'ai à lui parler sérieusement pour ma revue des Folies-Bergère. Elle joue « la coupure de cinq francs » qu'on vient de retirer de la circulation, et elle a à chanter un couplet ! Vous comprenez ?...

HORTENSE, *riant*.

Je crois bien !... Je la mets donc à côté de vous. Eh bien alors, Castéja ?

MAX.

Ah ! n'oublions pas Castéja ! Un hidalgo mâtiné de Mohican, qui a chassé le buffalo dans les pampas ! Un homme marié ! *(Imitant Lassouche.)* Quelles mœurs, mes enfants !

HORTENSE.

Bah ! sa femme le lui rend bien.

MAX.

Pas moyen !

HORTENSE.

Comment?

MAX.

C'est le mari le plus jaloux de toutes les Castilles! Pour un pauvre petit « Écho » de trois lignes sur madame de Castéja, dont j'avais simplement vanté l'élégance et la grâce, il m'a fait proposer un duel à l'américaine!

HORTENSE.

Rien que ça?

MAX.

Deux douzaines de balles à échanger à volonté! Plus souvent! J'ai fait des excuses.

HORTENSE, *riant.*

Naturellement! Ici de Brignon et d'Estillac.

MAX.

Autrement dit, la commandite d'Adèle! Deux enfants... prodiges! vingt-deux ans et déjà pourvus de conseils judiciaires!

HORTENSE, *montrant le dernier papier.*

Où mettons-nous d'Ecquevilly?

SCÈNE II

Les Mêmes, D'ECQUEVILLY, *vieux beau. Il entre emmi-
touflé dans son paletot et plusieurs cache-nez; gants fourrés, etc.,
une bouteille dans du papier sous son bras. Un domestique le
suit.*

D'ECQUEVILLY, *d'une voix un peu brisée.*

D'Ecquevilly, présent! Ma chère Hortense, mes hom-
mages. *(Il lui baise la main, et passe; à Max.)* Bonsoir,
jeune homme.

MAX, *respectueux.*

Bonsoir, monsieur le Baron.

D'ECQUEVILLY.

Nous aurons donc le plaisir de souper aujourd'hui
avec notre jeune ami Max de Chantilly, dit la Nymphe
Écho?... Très heureux!... *(A Hortense.)* Ma chère amie,
où est ma place, s'il vous plaît?

HORTENSE, *lui montrant sa place.*

A côté de de Brignon. Ici.

D'ECQUEVILLY.

J'y installe donc ma bouteille de Vichy. Je suis sûr que
vous m'avez encore oublié?

HORTENSE.

Ma foi, oui, je vous demande pardon.

D'ECQUEVILLY, *dont un domestique a pris le pardessus.*

Comme on m'oubliait toujours, j'ai pris le parti d'apporter moi-même mes eaux minérales, Vichy ou Contrexéville, selon les besoins. Ma bouteille et moi, nous sommes inséparables.

MAX, *devenant familier.*

Eh bien, monsieur le Baron, ça ne va donc pas mieux, cet estomac ?

D'ECQUEVILLY.

C'est singulier ! Les jours de lombago, je digère comme un casoar, des boutons d'uniforme, du verre pilé, tout ce qu'on veut ; mais, dès que mon lombago me quitte, ma gastralgie reparaît, et j'hésite devant une simple noix de côtelette !

HORTENSE, *souriant.*

Alors, aujourd'hui ?

D'ECQUEVILLY, *faisant la grimace.*

Aujourd'hui, je cumule ! Je vous recommande donc, ma toute belle, mon consommé aux œufs pochés. Avec un doigt de Bordeaux, corrigé d'eau de Vichy, c'est tout ce que j'essaierai de prendre ce soir.

MAX, *blaguant.*

Les voilà maintenant, les joyeux viveurs de l'Empire !

HORTENSE, *souriant.*

On y veillera, mon cher Baron. *(Elle remonte.)*

D'ECQUEVILLY.

Et dire que j'ai eu un estomac ! Ah ! dame, il a ses cinquante ans de service, et quelles campagnes !

MAX, *faisant le gentil.*

Le fait est qu'il aurait droit aux Invalides.

D'ECQUEVILLY, *ironique.*

Tiens, c'est un mot, ça! Il n'est pas... étonnant, mais c'est un mot!

MAX, *se rengorgeant.*

Heu! Heu!... Mais c'est vous qui êtes étonnant, cher baron! Malgré votre état de santé, plutôt précaire, vous êtes de toutes nos fêtes, de tous nos soupers.

D'ECQUEVILLY, *soupirant.*

Platoniquement, c'est vrai, mais j'en suis! Que diable voulez-vous que je reste chez moi? Fi! un intérieur de vieux garçon! Entresol au fond d'une cour! Vue sur les plombs! Bouts de cigares partout! Pas un livre!... Un valet de chambre qui me renvoie, sous le prétexte de nettoyer l'appartement... qu'il ne nettoie jamais! *(Hortense est redescendue.)* Il faut bien sortir. Rester le soir au coin de mon feu? Pourquoi faire? Un piquet avec mon domestique? Et puis, si je me reposais seulement pendant cinq minutes, je m'apercevrais que je suis trop fatigué! Ah! je suis bien fatigué! J'ai parfois rêvé province, cure de petit lait, pêche à la ligne, bête hombrée chez le conservateur des hypothèques, mais c'est assommant, cette vie-là! D'ailleurs il est trop tard, je suis dans l'engrenage, j'y reste! Et j'y reste même avec un certain plaisir. Car enfin, si je ne joue plus, faute d'argent; si je ne bois plus, faute de santé; si je n'aime plus, faute d'illusions, je me donne encore de temps en temps la fatuité d'un refus! Un laquais se penche-t-il sur mon épaule et me murmure-t-il à l'oreille ce mot tentateur de Romanée ou de Clos Vougeot? Je dis merci! d'un air rassasié. Une femme m'adresse-t-elle un regard plein de séduction et de promesses? Je lui réponds encore merci! d'un air satisfait!... C'est toujours ça... Et puis j'ai une réelle satisfaction : je vois vieillir mes contemporains. *(Il va s'asseoir sur le canapé à gauche.)*

MAX.

Très joli! très joli! *(A part.)* Ce n'est pas un « Echo », ça, c'est une colonne de chronique! Je la placerai.

SCÈNE III

LES MÊMES, DE BRIGNON.

UN DOMESTIQUE, *annonçant.*

Monsieur de Brignon.

MAX, *à d'Ecquevilly.*

Sans d'Estillac, par quel hasard! *(Entre de Brignon qui va saluer Hortense.)*

HORTENSE, *à de Brignon.*

Vous êtes seul?

DE BRIGNON, *à Hortense.*

D'Estillac est allé prendre Adèle aux Bouffes.

MAX, *à d'Ecquevilly.*

Il paraît que c'est d'Estillac qui est de service aujourd'hui.

DE BRIGNON.

Justement, les voici!

SCÈNE IV

Les Mêmes, ADÈLE *et* D'ESTILLAC.

LE DOMESTIQUE, *annonçant.*

Madame Adèle de Longchamps, Monsieur le vicomte d'Estillac.

(Entrent Adèle et d'Estillac.)

ADÈLE, *embrassant Hortense qui s'est avancée à sa rencontre.*

Bonjour, mignonne! Tu es en beauté ce soir. Moi je suis à faire peur, j'ai une migraine!

D'ESTILLAC, *à Hortense.*

Chère, avez-vous vu Brignon?

DE BRIGNON.

Voilà! voilà!

D'ESTILLAC.

Ah! ce cher ami!

*(Adèle et d'Estillac redescendent à droite vers de Brignon,
Hortense va retrouver Max et d'Ecquevilly.)*

MAX, *montrant le groupe formé par Adèle et les deux jeunes gens.*

Eh bien, comme ça, la garniture est complète : la pendule et les deux candélabres!

d'ecquevilly.

Ce n'est pas une femme, c'est un pensionnat de jeunes gens.

hortense, *à d'Ecquevilly.*

Mais, dites-moi, baron, on ne vous a pas vu à la Marche aujourd'hui?

d'ecquevilly.

C'est vrai, j'ai été retenu chez moi toute la journée...

max, *bas à Hortense.*

Ah! oui, fermé pour cause de réparations!

d'ecquevilly.

S'y est-il au moins passé quelque chose d'amusant, aux courses?

max.

Oh! presque rien! un petit scandale de famille! un de mes « Échos » de demain d'ailleurs, que vous pourrez lire dans l'*Information.*

d'ecquevilly.

Ah!... Je n'y manquerai pas.

max, *au milieu de la scène, prend une chaise et appuie ses genoux dessus.*

Savourez-moi ça. *(On s'apprête à écouter.)* La scène représente le tourne-bride de Montretout. Un break à quatre chevaux, celui du petit marquis, le fils du... *(A Hortense.)* de votre duc, belle dame, stoppe sur un des bas-côtés. Sur le break, le petit marquis, quelques femmes, moi, Max de Chantilly de l'*Information,* plus deux ou trois aimables farceurs du Bébé Club, achevant une cargaison de champagne et faisant pleuvoir sur les voitures qui descendent

une grêle de louis, de bouchons, de quolibets et de
fleurs... Hurrahs! Chapeaux en l'air! nous étions su-
perbes!

ADÈLE.

Oh! nous vous avons bien vus.

DE BRIGNON.

Henry était renversant!

D'ESTILLAC.

Splendide, n'est-ce pas Adèle?

MAX.

Au moment où le petit marquis, complètement ivre
d'ailleurs, jetait, avec un geste et un cri à la Frédérick, sa
dernière pièce d'or et son dernier bouquet de gardénias,
passe un landau... Attendez! Description du landau. Ça,
c'est de la copie! Haut sur ressorts, armoiries discrètes,
attelage aristocratique, laquais poudrés à frimas, et sous
la capote à demi-relevée deux femmes du plus grand
monde ensevelies dans des pelisses de renard bleu. Le
louis et le bouquet lancés d'une main... peu sûre, viennent
tomber juste sur les genoux de la plus âgée des deux
dames. Le petit marquis s'arrête au milieu de son éclat de
rire! Tableau! c'était sa mère!

(On rit. Tout le monde se lève.)

D'ECQUEVILLY, *grave*.

Ah! sa mère! Et l'autre dame était sans doute Mlle Jane
de Soulanges, la nièce du duc?

MAX.

Apparemment.

D'ECQUEVILLY.

Ah! C'est gentil! Et ça a dû faire plaisir à la duchesse?

MAX.

Oh! Elle doit être habituée à ces choses-là! *(Approbation d'Adèle, de Brignon et d'Estillac.)*

D'ECQUEVILLY, *sèchement.*

En effet, elle doit y être habituée, comme vous dites si bien, depuis trois ans qu'Henry est sorti du collège et que son père l'a lancé dans la vie à outrance! Mais malgré tout, moi qui ai l'honneur de connaître la duchesse, je suis persuadé qu'elle souffre des folies de son fils et de son mari!

MAX.

Ah! le baron qui est pour le vieux jeu!

DE BRIGNON.

Démodé, le baron!

D'ESTILLAC.

Pas du tout dans le mouvement!

(Ils rient; d'Estillac, de Brignon et Adèle remontent.)

D'ECQUEVILLY.

Soit, jeunes gens, je suis une ganache. *(Redescendant à Max.)* Mais je ne le trouve pas drôle, votre « Écho »! Et même, si vous m'en croyez, par égard pour la duchesse que je respecte infiniment, vous ne le mettrez pas dans votre feuille!...

MAX, *à part.*

Un « Écho » de trente-cinq lignes! Merci, et puis, il est composé d'ailleurs.

D'ECQUEVILLY, *à Hortense qui cause avec de Brignon au fond du théâtre.*

Mais dites-moi, ma chère Hortense, où est notre hôte?

HORTENSE.

Le duc est allé dîner avec son fils à l'ambassade d'Angleterre. Ils seront ici à minuit. Oh! le duc est très exact!
à minuit sonnant!...

MAX.

Comme dans les mélodrames.

(Elle sort avec de Brignon et va rejoindre dans le deuxième
salon Castéja et Marie qui arrivent.)

SCÈNE V

MAX, D'ECQUEVILLY.

D'ECQUEVILLY, *redescendant et se parlant plutôt à lui-même
qu'à Max.*

C'est égal, cela n'en reste pas moins un mystère pour
moi, que le duc, dont la femme est charmante, l'ait dé-
laissée au bout de quelques années de mariage, pour
vivre de cette vie stupide, de la vô... la nôtre!

MAX.

Bah! le duc est un viveur! Il a eu la nostalgie du
plaisir.

D'ECQUEVILLY.

Non, je l'ai connu garçon. Il était, au contraire, grave,
sérieux, un peu concentré même.

MAX.

Eh bien, baron, tout ce que vous voudrez! Pour le

bourgeois austère et vénérable, le duc est sans doute un monstre! Comme homme d'intérieur, pas réussi du tout, le duc! je vous l'accorde! Mais enfin, entre nous, il a peut-être des excuses. Elle n'est pas amusante, la duchesse... hein?

D'ECQUEVILLY, *sèchement.*

Vous vous trompez, jeune homme. Je sais bien que depuis l'abandon de son mari elle s'est réfugiée dans la religion et la charité.

MAX.

Ah! oui, je vois ça d'ici! Robe montante, journée du chrétien, gilets de tricot et confitures pour ce cher abbé!...

D'ECQUEVILLY, *plus sèchement encore.*

Jeune homme, vous êtes un aimable petit espiègle! Vos plaisanteries sont du meilleur goût; seulement, je vous serai extrêmement obligé de ne pas insister sur ce sujet devant moi.

MAX.

Soit! Revenons au duc. Je convenais donc qu'il manque de vertus de famille, mais est-ce à nous de nous montrer béguEuEles et de le lui reprocher, nous dont il est le maître et le modèle! Voyons, c'est un type splendide que le duc! Le gentleman par excellence! Le lion de la mode! L'arbitre des élégances! Le successeur des d'Orsay et des Brummel! Lui dont le moindre caprice fait la fortune d'un tailleur ou d'une femme, et dont un coup d'épée donne à un homme une réputation parfaite de bravoure et de loyauté. *(Le Duc et Henry paraissent au fond au milieu des invités.)* Il est le roi! Il veut fonder sa dynastie! Il est tout

naturel qu'il dresse son fils, et le dauphin promet!...
(Apercevant le Duc.) Mais place à Sa Majesté...

D'ECQUEVILLY, *entre haut et bas.*

Et à son auguste famille.

MAX, *saluant le Duc.*

Vive le roi !

SCÈNE VI

LES MÊMES, LE DUC, HENRY, HORTENSE, CAS-
TÉJA, MARIE, DE BRIGNON, CAROLINE,
D'ESTILLAC, ADÈLE.

HENRY, *qui tient son père par le bras.*

Papa, permets-moi de te le répéter, tu es un naïf !

LE DUC, *souriant.*

Peut-être, mais je n'ai pas reçu ton éducation, moi !

HENRY.

Ça, c'est vrai ! Mais enfin ce n'est pas une raison. Messieurs, je vous fais juges. *(On se rapproche d'eux.)*

MAX.

Ah ! voyons, je suis tout oreilles.

D'ECQUEVILLY, *à Castéja.*

Je ne le lui fais pas dire !

LE DUC, *à Henry, complaisamment.*

Eh bien, va.

HENRY.

Miladies et gentlemen...

ADÈLE, *interrompant.*

Oh! un récit de Théramène et à jeun! Jamais! Soupons d’abord!...

(Henry lui prend la taille et remonte.)

MARIE.

C’est ça, j’ai une faim, moi! Jouer la comédie, ça creuse.

HORTENSE.

On n’attendait que vous. A table!

TOUS.

A table! *(On s’apprête à se mettre à table. Le Duc s’approche de Castéja.)*

LE DUC, *à Castéja.*

Vous ici, Castéja? Et avec Mademoiselle!... *(Il montre Marie.)* Ah! prenez garde, je le dirai à la comtesse.

CASTÉJA, *fâché.*

Cher, ne parlons pas ici de madame de Castéja.

HENRY, *survenant.*

Bon! Voilà le trappeur qui se fâche! Chaque fois qu’on lui demande des nouvelles de sa femme, il vous regarde comme s’il allait vous scalper. Papa, tu as eu tort. Boucanier, vous avez raison!

CASTÉJA, *riant et grognant à la fois.*

Ah! ah! *(Il remonte vers la table.)*

MAX, *à Marie.*

As-tu vu la petite réclame que je t’ai faite dans l’*Information*?

MARIE.

Oui, elle est belle, ta réclame! Tu dis que j'ai des jolis bras! Ça veut dire que je n'ai pas de talent!

MAX.

Mais, ma petite...

MARIE.

Et voilà comme on brise la carrière d'une artiste!

HORTENSE.

Voyons, à table!

TOUS.

A table! *(Max et Marie vont se mettre à leur place.)*

LE DUC, *à Hortense.*

Ma chère Hortense, je vous prie de m'excuser si je fais un assez triste convive et si je ne vous tiens pas tête, mais nous avons dîné tard ce soir, et je ne puis que vous regarder.

HENRY.

Ne faites pas attention, papa se range! Moi non plus je n'ai pas faim, mais j'ai soif. *(A un domestique.)* A boire!

ADÈLE.

Maintenant, Henry, vous avez la parole. L'anecdote! Je réclame l'anecdote!

TOUS.

Oui, oui, l'anecdote!

HENRY, *se levant.*

Voilà!... Mesdames et Messieurs, je ne fais à aucun de vous l'injure de supposer qu'il ne connaisse pas, au moins de réputation, le célèbre chien ratier Bill, appartenant à mon ami le vicomte Gontran de Rieux!

TOUT LE MONDE.

Ah ! parbleu !

MAX.

Celui qui a étranglé ses quinze rats à la minute, au dernier concours !

HENRY, *très sérieux*.

Vous l'avez dit. Une bête merveilleuse ! Gros comme le poing ! Un poil noir et luisant comme une botte vernie ! Une gueule... un étau ! Deux médailles d'or, sans compter les mentions honorables ! Illustre comme étalon ! Enfin un chien qui vous pose son homme !

MAX, *à part*.

Je flaire de la bonne copie.

HENRY.

Le jour où je fus présenté à ce délicieux quadrupède, ce fut comme dans les romans, vous savez? Le premier regard, le coup de foudre de Stendhal!... Il me le fallut à tout prix. Je proposai à Gontran des sommes dont je rougirais presque d'avouer le chiffre...

D'ECQUEVILLY, *entre haut et bas*.

Lui, rougir ! Il se vante !

HENRY.

Tout fut inutile ! Bill n'était pas à vendre, encore moins à échanger, pas même contre Trilby, mon fameux alezan ! Je désespérais. Lorsque ce soir, à l'ambassade, Gontran m'avoue qu'il aime Chinchinette. Milords et Miladies, vous savez tous combien elle m'a été chère, cette femme, et que du temps qu'elle était aux Folies, un régisseur pudibond m'ayant interdit l'entrée des coulisses,

j’allais l’attendre dans la loge de son père, le vénérable
concierge du théâtre, avec qui je faisais un besigue chi-
nois!

MAX, à part.

L’écho se corse.

HENRY.

Donc Gontran, avec une ingénuité étonnante pour son
âge, m’avoue qu’il aime Chinchinette et me dit : « Donne-
moi la clef de son boudoir et Bill sera chez toi demain
avant midi!» Je crus d’abord à une mystification, et j’eus
besoin de lui faire réitérer son offre. Mais, quand je vis
que c’était pour de bon, est-il nécessaire d’ajouter, Milords et Miladies, que je n’eus pas une seconde d’hésitation et que j’acceptai avec enthousiasme?

TOUS.

Ah! Très bien! Bravo!

MAX.

Fronsac lui-même!

HENRY.

Ainsi donc, à l’heure qu’il est, en admettant — hypo-
thèse que ma connaissance du cœur des femmes me per-
met de considérer comme très probable — que Chinchinette n’ait pas mis ignominieusement Gontran à la porte
et lui ait accordé ses précieuses faveurs, cet infortuné se
croit le plus heureux des hommes!... Et moi, toujours
pratique, j’ai dans mon écurie le premier ratier des deux
mondes! (Mouvement général d’approbation.) Et papa, dont
j’attendais les éloges, qui prétend que je n’ai pas fait une
affaire d’or!... Mesdames et Messieurs, je vous fais juges,
papa n’y est plus, papa baisse! (Exclamations. Henry se
rassied.)

MAX, *avec enthousiasme.*

Exquis! Oh! s'il voulait faire du journalisme!

LE DUC, *souriant.*

Tu es un enfant terrible!

D'ECQUEVILLY, *à part.*

Oui, terrible!

ADÈLE.

Eh bien, moi, je l'adore, ce petit-là!

D'ESTILLAC, *à de Brignon.*

Entends-tu, cher, ce que dit Adèle?

DE BRIGNON, *tranquille.*

Je n'ai pas le droit d'être jaloux aujourd'hui, c'est ton jour. *(On rit.)*

D'ECQUEVILLY, *à de Brignon.*

D'ailleurs, jeune homme, le sentiment d'Adèle pour Henry est tout maternel, elle l'a vu naître. *(On rit.)*

HORTENSE, *à Henry.*

Un verre de Moët?

HENRY.

Du Champagne? Pouah! Bon pour une orgie de calicots! Passez-moi les ingrédients, je vais me constituer un petit rafraîchissement de ma façon.

D'ECQUEVILLY.

Ah! oui, son fameux cock-tail!

MARIE, *à Castéja.*

Voyez-vous, Monsieur, moi, je suis d'une famille bien. Et quand j'ai voulu entrer au théâtre, maman m'a dit comme ça : « Petite malheureuse, tu seras cause que ton pauvre père se fera périr ! »

D'ECQUEVILLY.

En effet, ce brave homme en a eu tant de chagrin qu'il s'est pendu après son cordon.

MARIE, *furieuse.*

Vous, d'abord, vous n'avez pas de cœur !

D'ECQUEVILLY, *bonhomme.*

Moi? J'ai été soigné pour une hypertrophie ! *(On rit.)*

HENRY, *au domestique qui lui présente plusieurs bouteilles,
pendant qu'il compose son cock-tail.*

Encore du rhum !

MAX.

Beaucoup de rhum ! Trop de rhum !... Et n'oubliez pas l'arak, le whiskey !... ni le gingembre !...

HENRY, *au domestique.*

Maintenant allumez, et donnez-moi la louche que je remue. *(Il remue le punch en flammes.)*

D'ECQUEVILLY.

Mais c'est de l'alchimie !

HORTENSE, *au duc.*

Il va se griser abominablement ! *(Le Duc sourit avec complaisance.)*

LE DUC.

Mais non !

D'ECQUEVILLY.

Je me grisais aussi... autrefois !

MAX.

Il n'y a donc plus de truffes ? Où sont les truffes ? Ah !
les voilà ! Suis-je bête ! J'avais le nez dessus !...

D'ECQUEVILLY, *riant.*

Qu'est-ce qui disait donc que vous aviez du flair ? *(On
rit. Le Duc se lève.)*

HENRY, *qui verse le punch.*

D'Ecquevilly, un verre de cock-tail ?

D'ECQUEVILLY.

Merci ! Je ne prends jamais de ces drogues-là !

MAX, *à sa voisine.*

Ce bon d'Ecquevilly, toujours vieux !

HENRY, *à Max.*

Et vous, Max ?

MAX.

Moi, tout le temps ! *(Le Duc est allé s'asseoir sur le canapé à
gauche.)*

HENRY.

A la bonne heure ! *(Levant son verre.)* A la santé de ces
demoiselles ! *(Les hommes choquent leurs verres et boivent.)*

ADELE.

Si tu disais : ces dames ?

HENRY.

Ces dames, soit. A ta place, j'aimerais mieux demoiselles. Ça rajeunit et ça n'engage à rien, pas plus ici que
dans le monde, n'est-ce pas, papa ? Mais où est-il donc,
papa ?

LE DUC, *de sa place, sur le canapé.*

Ici, je t'admire.

HENRY, *se levant et venant rejoindre son père.*

Alors tu trouves que je porte bien ton nom? Ah! ce n'était pas facile! Mais j'ai profité de tes leçons et je suis arrivé à être digne de toi. — Regarde, je me tiens... et pourtant ça commence à bien faire! Je m'attendris... Et quoique tu n'aies jamais été démonstratif, pour cette fois-ci ouvre-moi tes bras, ô le meilleur des pères! *(Pendant ce couplet, d'Ecquevilly s'est levé, a regardé le Duc et son fils, et est allé s'asseoir à la place autrefois occupée par le Duc.)*

LE DUC, *avec impatience.*

Henry, tu es ivre! Réserve ces gentillesses-là pour le jour de ma fête.

HENRY, *dégrisé un peu.*

Tu as raison, papa, l'expansion, c'est mauvais genre! *(Il va se rasseoir à sa place.)*

MAX, *à Marie sur le devant de la scène.*

Vois-tu, Marie, tu ne soulignes pas comme il faut la fin du couplet. Tu es la *Coupure de la Banque,* tu comprends bien? Et tu dis, en t'adressant aux fauteuils d'orchestre, sur l'air : *Bouton de Rose :*

(Il chante :)

> J' suis la coupure...
> Tout le mond' me fait les yeux doux.
> Je suis aimabl', je vous assure,
> Et je ne coûte que cent sous...
> J' suis la coupure!

C'est ça que tu ne dis pas bien. *(Se retournant vers les convives.)* C'est ça qu'elle ne dit pas bien!

D’ECQUEVILLY.

C’est le prix qui la gêne!

MAX, *satisfait.*

Je crois que ce sera un succès, ça?

D’ECQUEVILLY.

Oh! un succès... four!...

MARIE, *à Max passant à droite.*

Toi, si tu n’es pas content, tu n’as qu’à donner le rôle à une autre. Je ne le sens pas, ton couplet. Il n’est pas dans mes cordes.

MAX, *aux convives.*

Vous savez, mes enfants, que ça passe samedi? Je compte sur vous pour les avant-scènes.

ADÈLE.

Comment! J’ai vu dans le journal que vous vous étiez mis quatre pour faire cette revue. Qu’est-ce que vous y avez fait, vous?

MAX.

Moi, j’ai fait mon quart!...

DE BRIGNON, *riant.*

Oui, les courses! (*Castéja est venu s’asseoir auprès du Duc sur le canapé.*)

LE DUC.

Vous êtes jaloux à ce point-là, Castéja?

CASTÉJA.

Oui, cher. Quand j’habitais Valladolid, je fus faussement informé que ma femme recevait des visites nocturnes. J’avais rapporté d’Amérique un rifle superbe,

double canon, acier forgé, marque Saunderson and Son,
Chicago, avec lequel j'avais chassé le couguar. Je char-
geai soigneusement cette arme de précision et m'embus-
quai, pendant quinze nuits consécutives, sous le balcon
de madame de Castéja.

HORTENSE.

Entendez-vous? Fi, l'horreur!

LE DUC.

Et le dénouement?

CASTÉJA.

Personne ne vint. *(On rit. Il se lève.)* Ce fut heureux!
J'avais une balle pour le premier rôdeur que j'aurais
aperçu, et l'autre pour ma femme...

TOUS, *se récriant.*

Ah!

HENRY.

Castéja, mon ami, vous êtes effrayant! Voyons, ce
sont des mœurs de Caraïbes.

CASTÉJA.

Avis aux amateurs !

MAX.

Mais ce n'est pas tout ça, mes enfants! La dame de
pique nous réclame!

DE BRIGNON

Joue-t-on ou ne joue-t-on pas?

D'ESTILLAC.

Est-ce pour aujourd'hui ou pour demain?

HORTENSE.

Quand vous voudrez! La table de baccarat est prête.

3

HENRY.

Un dernier verre! Et je prends la banque à cinq cents louis.

TOUS.

Vive le petit marquis!...

(On se lève.)

MARIE, *à haute voix.*

Ah! Et moi qui ai oublié mon porte-monnaie!

CASTÉJA, *à Marie.*

Belle dame, si vous le permettez, je vous mets de moitié dans mon jeu?

MARIE, *au bras de Castéja.*

Castéja, vous êtes un noble cœur!

(Mouvement pendant lequel d'Ecquevilly est remonté avec les joueurs et Hortense descendue près du Duc.)

MAX, *sur le devant de la scène.*

J'ai justement touché ce matin deux louis d'avance à la caisse du journal. Je crois que c'est le moment de les risquer, j'ai mon fétiche : un Louis XVIII à la queue, et je sens la veine!

(Il remonte et sort.)

SCÈNE VII

LE DUC, HORTENSE. *Hortense est venue s'accouder au canapé où est assis le Duc, en fumant; le Duc se retourne et l'aperçoit.*

LE DUC.

Tiens, vous êtes là? Vous n'allez pas jouer avec vos invités?

HORTENSE, *tendrement.*

Je préfère rester auprès de vous.

LE DUC, *souriant.*

Ah! je devine. Un petit embarras pécuniaire; combien vous faut-il?

HORTENSE.

Oh! il ne s'agit pas de cela.

LE DUC.

Alors?

HORTENSE, *s'asseyant à côté du Duc.*

Vous êtes très sceptique, n'est-ce pas?

LE DUC.

Un peu.

HORTENSE.

Vous ne croyez à rien?

LE DUC.

A si peu de chose!...

HORTENSE.

A l'amour, par exemple?

LE DUC.

Si je ne craignais de passer pour un fat, j'avouerais qu'on a quelquefois essayé de m'y faire croire.

HORTENSE

Je n'en doute pas.

LE DUC, *saluant.*

Trop bonne !

HORTENSE.

Ainsi, vous y croyez?

LE DUC.

J'y ai cru.

HORTENSE.

Et maintenant?

LE DUC.

Ça dépendrait.

HORTENSE.

Et si on vous disait qu'une femme qu'on trouve jolie, pas trop sotte, séduisante enfin...

LE DUC.

Comme vous?

HORTENSE.

Si vous voulez.

LE DUC.

Une déclaration?

HORTENSE.

Presque.

LE DUC.

Je devine le reste. La femme que vous voulez dire

passe pour être au mieux avec un assez grand seigneur...

HORTENSE.

Qui se montre avec elle d'une royale munificence.

LE DUC, *s'inclinant*.

Merci! Mais ce grand seigneur, pour des raisons à lui
particulières, doit, à son très vif regret, se borner au
rôle de protecteur désintéressé. Il reçoit chez elle ses
amis, lui fait de courtes visites dans la journée et ne lui
demande d'autres faveurs que de lui rendre quelques
légers services et d'autre récompense que de lui baiser
quelquefois la main. *(Il la lui baise.)*

HORTENSE.

Et c'est justement ce dont elle se plaint! D'abord le
grand seigneur en question est de tournure à faire
regretter sa réserve; et puis, avouez-le, le fait en lui-
même est humiliant pour cette dame, et si, dans son
monde, on apprenait la vérité, elle en serait un peu com-
promise.

LE DUC.

Très joli! *(Ils se lèvent.)* Je vous assure, ma chère Hortense, que je suis profondément touché de la bonne
volonté que vous me témoignez; mais vous vous rap-
pelez les termes de la convention que je vous ai pro-
posée, il y a bientôt trois ans, et qui fut librement con-
sentie par vous. Or, les circonstances qui avaient motivé
ce traité sont restées absolument les mêmes, et je ne
puis par conséquent rien changer à la nature de nos
relations. Croyez bien que je le regrette vivement. *(Bruit.)*
Mais vous avez du monde, je vous rends à vos devoirs de
maîtresse de maison... A tout à l'heure.

3.

HORTENSE, *se résignant.*

Allons!

UNE VOIX, *au fond.*

Il y a vingt-cinq louis! Qui est-ce qui tient?... Qui est-ce qui tient les vingt-cinq louis?

HORTENSE.

Banco! Banco! *(Elle sort; d'Ecquevilly rentre en scène.)*

SCÈNE VIII

LE DUC, D'ECQUEVILLY.

LE DUC.

Te voilà, toi! Tu ne joues donc pas?

D'ECQUEVILLY.

Ça m'amuse bien plus de les voir perdre leur argent!

LE DUC.

Toujours le même! Joue-t-on gros jeu?

D'ECQUEVILLY, *sur le canapé.*

Assez. Henry tient tout ce qu'on veut... Il a même un bonheur insolent.

LE DUC.

Alors, il va bien?

D'ECQUEVILLY.

Trop bien!

LE DUC.

Pourquoi?

D'ECQUEVILLY.

Parce que.

LE DUC.

Parce qu'il s'expose à perdre un millier de louis. Son
père est riche, il peut se passer cela.

D'ECQUEVILLY.

Oh! je sais que tu es très grand seigneur et que tu as
des idées larges en fait d'éducation; mais ce n'est pas
seulement à propos de jeu que je te dis cela, c'est un
peu en général.

LE DUC.

Je ne comprends pas.

D'ECQUEVILLY, *se levant.*

Tu sais que je ne suis pas un puritain, — je n'en ai
pas le droit, — mais je trouve, et je ne suis pas le seul,
que tu as tort de te faire le camarade de ton fils. Te
montrer indulgent pour des écarts de jeunesse que tu
pourrais faire semblant d'ignorer, rien de plus naturel;
mais les approuver par ta présence, voyons! Oh! je sais
ce que tu vas me dire; que tu aimes mieux être là pour
surveiller, diriger même ses folies! Et puis l'histoire de
l'ilote ivre, qu'on montrait aux enfants spartiates! J'ad-
mets tout cela! Tu vois que je suis de bonne composi-
tion, car après tout ce n'est pas ton rôle.

LE DUC.

D'Ecquevilly, mon ami, tu m'affliges; c'est une véritable homélie!

D'ECQUEVILLY.

Non, je t'assure, on en parle... on te blâme, je te dé-
fends, mais on te blâme!... On s'étonne, tes amis sur-

tout, que lord Dolgelly, duc de Cardigan, une des gloires du parlement britannique, voie d'un œil satisfait l'héritier de son nom se faire décerner une célébrité malsaine dans les cabinets de restaurants et dans les coulisses des petits théâtres et des petits journaux.

LE DUC.

Tu conclus ?

D'ECQUEVILLY, *passant*.

Que tu donnes à Henry le goût du vice, et je me tais.

LE DUC, *presque railleur*.

Ce bon d'Ecquevilly ! il devient moral, ma parole d'honneur ! Eh bien, je vais d'un seul mot t'élucider toute ma conduite. Je destine Henry à la diplomatie, et pour le rompre au métier, je le vieillis.

D'ECQUEVILLY.

Tu dis ?

LE DUC.

Que pour faire un parfait diplomate il faut cacher, sous les dehors séduisants du jeune homme, l'esprit froid et désabusé du vieillard ! La classique métaphore du serpent sous les fleurs ! Songe qu'un moment d'abandon, de faiblesse, peut compromettre les destinées d'un royaume ! Vois plutôt Talleyrand, Castelreagh ! Des cœurs blasés ! Des sens éteints ! Ainsi voilà le programme ; Mépriser l'amour ! Supporter le vin ! Plus d'illusions ! Plus de tempérament ! En un mot, plus de jeunesse ! Aussi, je te le répète, je vieillis mon fils !

D'ECQUEVILLY.

Allons, ce n'est pas à ton vieux camarade d'Ecque-

villy qu'il faut conter cela! Je suis certain que tu as
d'autres raisons.

LE DUC, d'un ton singulier.

Peut-être.

D'ECQUEVILLY.

Vois-tu? j'ai là-dessus une idée que je repousse, mais
qui me poursuit.

LE DUC.

Laquelle?

D'ECQUEVILLY.

Me permets-tu de te parler à cœur ouvert?

LE DUC.

Parbleu! notre amitié t'y autorise.

D'ECQUEVILLY.

Tu ne te fâcheras pas?

LE DUC.

Non.

D'ECQUEVILLY.

C'est que la chose est très délicate.

LE DUC.

Va donc!

D'ECQUEVILLY.

Eh bien, si je ne respectais pas autant la duchesse, si
je n'avais pas la plus haute opinion d'elle, je croirais...

LE DUC.

Tu croirais?

D'ECQUEVILLY.

Je croirais que tu n'aimes pas Henry parce qu'il n'est
pas ton fils.

LE DUC, avec épouvante, lui saisit la main.

Ah! tais-toi!

D'ECQUEVILLY.

J'ai donc deviné?

LE DUC, terrible.

Malheureux! *(Après un silence.)* Eh bien! oui! cette femme qui te semble, à toi, le type le plus pur de l'épouse et de la mère, cette femme qui, pour tout le monde, est la joie et l'orgueil de mon foyer, cette femme vous vole votre estime et votre respect, comme elle m'a volé mon amour et mon honneur! Mensonge que sa piété! mensonge que sa vertu! C'est une misérable! une hypocrite! une infâme!

D'ECQUEVILLY, avec force.

Ce n'est pas possible, tu te trompes!

LE DUC.

Je me trompe! Alors ce serait sur un soupçon vague que je me serais condamné moi-même au désespoir et que depuis quinze ans je souffrirais comme un damné? Je me trompe! Ah! c'est facile à dire! Les voilà bien, les indifférents! Donc tu me considères comme un fou. Tu ne te dis pas que pour me faire abandonner ce bonheur domestique dont tu m'as vu jouir autrefois et pour me rejeter dans la vie que nous menons, il a fallu qu'il s'accomplît en mon âme une révolution terrible! Tu supposes que j'ai pu agir à la légère et tu vas peut-être me demander si j'ai des preuves?

D'ECQUEVILLY.

Mon ami...

LE DUC.

Des preuves!... Plût au ciel que je n'en eusse pas et
qu'il me fût au moins permis de douter de mon malheur!
Ah! si je n'étais pas sûr! Je pourrais essayer de me
faire illusion, de m'étourdir, d'être encore heureux et
bon! Je ne ferais pas tout le mal que je fais et je ne souffrirais pas tant, mais jamais certitude plus absolue!... Un
jour, par hasard, je trouve une vieille lettre égarée, une
lettre qui parlait d'amour coupable, d'enfant qui ne por-
terait pas le nom de son père. Et cette lettre était adressée
à madame la duchesse de Cardigan, ma femme! Et c'était
signé Julien. Julien, son ami d'enfance, un petit cousin
qui était allé se faire tuer en Afrique, quand j'ai décou-
vert cette lettre monstrueuse et que tout mon bonheur
s'est écroulé!

D'ECQUEVILLY.

Mais la duchesse?

LE DUC, *passant*.

Qu'aurais-je pu? Me séparer d'elle ou la tuer? Non!
j'ai trouvé mieux! *(Bruit.)*

LA VOIX D'HENRY, *au fond*

Neuf! Castéja, amenez vos cent louis!

CASTÉJA, *au fond*.

Banco des deux cents!

HENRY, *au fond*.

Allons-y!

LE DUC, *remontant vers la table*.

Tu entends, n'est-ce pas? Ce monstre qui est là, cet
ivrogne, ce joueur, ce libertin, cet être perdu de vices,

c’est son fils à elle, c’est le bâtard qu’elle a mis dans ma maison, c’est la preuve vivante de son crime et de ma honte ! Eh bien, cet Henry que j’ai sans cesse devant les yeux, à ma table, qui me rend odieux mon foyer ! il m’appelle son père, il porte le vieux nom de Cardigan, il héritera de ma fortune... à moins toutefois qu’un hasard... Ah ! que je le hais !... Et si tu veux savoir pourquoi je le laisse se rouler dans la débauche, pourquoi je l’y pousse même, c’est que la duchesse en souffre cruellement, comprends-tu ? c’est que le fils me venge de la mère !

D’ECQUEVILLY.

Ah ! malheureux !

LE DUC.

Tu trouves que ma vengeance est atroce et je te fais horreur ! Mais si tu savais quel enfer j’ai dans l’âme, je te ferais encore plus pitié ! C’est vrai, tu m’as connu jadis. Tu sais quel homme loyal et généreux j’étais ! Tu sais combien je l’aimais, cette femme ! Ce qu’elle était pour moi, ce que j’aurais fait pour elle ! Tu m’as vu l’entourer de tendresse et d’adoration. Eh bien ! pour être devenu l’homme implacable que je suis à présent, devine ce que j’ai dû souffrir, ce que je souffre encore ! *(Il se met à sangloter.)*

D’ECQUEVILLY.

Oh ! c’est affreux !... on vient... remets toi !

LE DUC, *se redressant.*

Sur ton honneur, jamais un mot de cela à personne. *(Il passe.)*

D’ECQUEVILLY.

Sois tranquille !

SCÈNE IX

LES MÊMES, MAX.

MAX, *rentrant.*

Décavé! *(Il s'approche d'une console et se verse un verre de champagne, puis à d'Ecquevilly.)* C'est inouï! Je ne peux pas toucher une carte.

D'ECQUEVILLY.

Pauvre garçon! vous perdez!

MAX.

Vingt-cinq jolis louis! Rien que ça!

D'ECQUEVILLY, *douteux.*

Pas possible!

MAX.

Et le double... sur parole!

D'ECQUEVILLY, *indifféremment.*

Oh! alors...

MAX, *passant et fouillant dans son gousset.*

Ah! plus de fétiche! Mon Louis XVIII à la queue! Ma déveine s'explique!... J'ai joué aussi mon fétiche! *(Hurlements au fond, voix de femmes.)*

SCÈNE X

LES MÊMES, PLUS TOUS LES INVITÉS.

HENRY, *au fond.*

Rien ne va plus? Charlemagne alors! *(Il redescend avec son chapeau plein d'or et de billets, suivi de tous les invités ; à son père.)* Papa, je fais Charlemagne!

DE BRIGNON.

Il a un estomac! Il a passé treize fois!

D'ESTILLAC.

Et sur la main de Max encore!

MAX, *à part.*

Voilà ma veine!

LE DUC, *à Henry.*

Comment donc, Henry, tu quittes le jeu quand tu gagnes!

HENRY.

Personne ne tenait plus! Il n'y avait que Max qui jouait sur parole. *(Max a l'air de trouver ça tout simple.)*

D'ECQUEVILLY, *à part.*

Naturellement!

MARIE, *à Henry.*

Dis donc, mon petit Henry, tu serais bien mignon de

me prêter dix louis… j'ai un billet demain ! *(Une femme s'est mise au piano et joue une valse lente.)*

HENRY, *lui donnant de l'or.*

En voilà vingt ! C'est si bon de faire le bien ! Mais je suis millionnaire ! Que d'or ! *(Il fait ruisseler l'or qui est dans son chapeau.)* Qu'est-ce que je vais faire de tout ça ? Papa, un conseil ! je m'adresse à ta vieille expérience. Si je fondais un journal avec Max comme rédacteur en chef ?

MAX.

Bonne idée ! J'ai le titre : *Le Racontar*.

HENRY.

Ah ! bien non ! ce ne serait pas assez drôle ! Je préfère l'employer à des œuvres charitables. Bravo ! je me travestis en petit manteau bleu. Je grimpe les cinquièmes étages, à la recherche des misères intéressantes, et je leur donne une légère idée de la Providence ! Première mansarde : un matelas, une table, une pipe, un drame en vers et un poète chevelu ! Imitons Mécène ; faisons connaître à ce nourrisson des Muses les délices du linge blanc.

MAX.

Ah ! non, subventionner la poésie, jamais ! Pas de concurrence à l'éditeur du Parnasse.

HENRY.

Max a peut-être raison ! Vivent les denrées coloniales ! Epicerie for ever ! Un verre de champagne, là, merci ! *(Il boit.)* Deuxième mansarde : Jenny l'ouvrière. Pot de fleurs sur la fenêtre. (Max et Henry fredonnent l'air de Jenny et partent d'un éclat de rire.) Elle brode un habit d'académicien. Il doit y avoir de la morte saison dans ce métier-là. Encourageons la vertu.

MAX.

Pas si bête! où trouverions-nous des femmes, alors?

HENRY.

Ne me trouble pas dans mon ascension, Max. Troisième mansarde : des orphelins sur une paillasse.

MAX.

Eh bien, qu'est-ce qui ramasserait les bouts de cigares?

HENRY, *de plus en plus gris.*

Ah! j'en ai assez des crèches, des rosières et des prix de tragédie! C'est égal! j'avais pourtant ce soir des velléités de bienfaisance! Tiens, une inspiration! qu'en dis-tu, papa? Si je faisais des largesses à ces dames? *(Mouvement des femmes qui entourent Henry. La musique cesse.)*

MAX, *avec admiration.*

Il est étonnant!

D'ESTIGNAC.

Admirable!

DE BRIGNON.

Étourdissant!

TOUS.

Bravo! *(Henry boit plusieurs verres et s'appuie en chancelant sur la table.)*

HENRY, *repoussant les femmes.*

Pas toutes à la fois! Chacune à son tour! Pas toi, Hortense, par respect pour papa.

D'ECQUEVILLY, *au Duc.*

Tu entends?

LE DUC.

Oui.

HENRY, *distribuant de l'argent.*

A toi, Caroline, pour payer une concession à perpétuité à cet imbécile de Georges qui s'est tué pour toi,
l'hiver dernier! A toi, Adèle, j'ai hâte de te voir honnêtement mariée en province et rendant le pain bénit à ta
paroisse. A toi, Marie, pour mettre ta pauvre mère aux
Petits Ménages, quand elle sera trop vieille pour faire le
tien! Et le reste pour le garçon! *(Il jette tout en l'air et
boit.)*

MAX, *ramassant une pièce de cinq francs.*

Mon Louis XVIII à la queue!

HENRY, *s'appuyant sur la table.*

Ah! me voilà vidé! Bourse et cœur! Voyons, papa,
es-tu satisfait de ta progéniture? Eh bien, donne-moi ta
bénédiction! *(Il tombe ivre-mort sur la table. Le piano éclate en
forte. On se précipite pour danser. Le rideau baisse.)*

ACTE II

Chez le Duc. — Un salon.

Au lever du rideau, un vieux domestique pose les journaux sur un petit guéridon, à droite, à côté de la table à ouvrage. Trois heures sonnent. La Duchesse entre par le fond. Toilette sévère.

SCÈNE PREMIÈRE

LA DUCHESSE, Le Domestique.

JEAN, *à la duchesse.*

Les journaux de madame la duchesse.

LA DUCHESSE.

Bien. Trois heures. Jean, mon fils vous a-t-il sonné?

JEAN.

Pas encore, madame la duchesse; cette nuit, madame m'avait recommandé de le laisser dormir... Je n'ai pas cru devoir le réveiller pour le déjeuner.

LA DUCHESSE.

Vous avez bien fait... Il aura reposé plus longtemps;
il sera tout à fait remis. *(Jean lève les yeux au ciel et va s'en
aller.)*

LA DUCHESSE, *le rappelant.*

Ah! maintenant que vous avez fini votre service, vous
irez voir cette dame âgée chez qui je vous ai déjà envoyé avant-hier. Vous lui remettrez ceci *(Elle lui donne
une enveloppe.)* en lui disant que la personne qui s'intéresse
à elle continue ses démarches, et qu'en attendant leur
réussite elle la prie d'accepter ce léger prêt. Vous comprenez bien, n'est-ce pas?

JEAN.

Parfaitement, madame la duchesse; j'ai assez l'habitude
de ces commissions-là.

LA DUCHESSE.

Vous direz encore à cette dame qu'elle n'ait pas à s'occuper de l'époque de la restitution et que vous retour-
nerez la voir.

JEAN.

Madame la duchesse peut compter que je ferai pour le
mieux.

LA DUCHESSE.

Est-ce bien tout? Ah! si vous avez le temps, ne man-
quez pas de passer chez les petites sœurs et de leur dire
qu'elles recevront demain les vêtements et le linge que
je leur ai promis. Allez, mon ami. *(Le domestique s'incline
profondément et sort par le fond.)*

SCÈNE II

LA DUCHESSE, *assise.*

*Scène muette. Elle se promène un instant à pas lents,
s'assied enfin et déplie un journal. Lisant :*

« Hier, le retour de la Marche a été égayé par un petit
scandale de famille. La scène représente le tournebride
de Montretout. Un breack, celui du petit marquis de C...,
connu par ses voyages autour du demi-monde... » *(Elle
s'arrête.)* Oui, l'histoire d'hier, ce louis tombé sur ma
robe. — Ah ! cet enfant me fait bien du mal. — Enfin !
mais ceci n'est qu'une gaminerie. *(Après un nouveau regard
jeté au journal.)* Auprès de ce qui suit ! *(Elle lit.)* « Le soir,
on soupait chez la spirituelle Hortense Maréchal... L'élé-
gantissime mylord duc de C... » *(Elle s'interrompt.)* Mon
mari !... « traitait quelques amis... » *(Elle jette le journal.)*
Décidément toute la famille est dans les journaux ! D'a-
bord mon fils, puis mon mari et mon fils. Et c'est ainsi
tous les jours depuis trois ans ! Et, chaque fois, je me pro-
mets de ne plus ouvrir une de ces feuilles. Ah ! quelle
existence ! *(Elle reste absorbée ; entre Jane.)*

SCÈNE III

LA DUCHESSE, JANE.

JANE, *entrant vivement.*

Me voilà, ma tante; ma maîtresse de piano est partie et
je viens travailler auprès de toi. *(Elle s'assied à côté de la
Duchesse et va pour l'embrasser.)* Mais tu as l'air tout triste.

LA DUCHESSE.

Ne fais pas attention, mon enfant.

JANE.

Oh! mais si, j'y fais attention; parce que dès que je
te laisse seule tu te fais tout de suite du chagrin.

LA DUCHESSE.

Tu sais bien, Jane, que je ne suis pas très enjouée...
et puis, c'est vrai, tu es toute ma gaîté!

JANE.

Eh bien, tu oublies donc Henry? Il est ton fils; moi je
ne suis que ta nièce, et pas même ta nièce, celle du duc!...
mais c'est toi qui m'as élevée et je t'aime comme si tu
étais ma mère.

LA DUCHESSE.

Chère mignonne!

JANE, *brodant.*

Je l'ai si peu connue, ma mère. Elle devait être bonne,

n'est-ce pas? Pas meilleure que toi, par exemple. Mon père, lui, je ne me le rappelle même pas; j'étais trop jeune quand il est mort.

LA DUCHESSE.

Tu n'avais pas deux ans. Et cette chère Anna l'a suivi de bien près.

JANE, *rêvant et cessant de travailler.*

Je crois la voir encore, si pâle et si triste dans ses vêtements de deuil, qu'elle n'a jamais voulu quitter! Étendue dans ce grand fauteuil, où la maladie la retenait, elle m'attirait quelquefois sur son sein, m'embrassait avec passion, et c'étaient alors les seuls moments où je la voyais sourire.

LA DUCHESSE, *à part.*

Pauvre Anna!

JANE.

Vous vous aimiez bien, ma mère et toi?

LA DUCHESSE.

Nous étions liées dès le couvent. Et c'est même ainsi que j'ai connu le duc, son frère, qui est maintenant ton seul parent et ton tuteur.

JANE.

C'est vrai, j'ai retrouvé ici la famille que j'avais perdue. Mon oncle est bien bon pour moi, mais on dirait qu'il est jaloux de ce que je t'aime.

LA DUCHESSE.

Bah!

JANE.

Figure-toi, l'autre jour ne m'a-t-il pas reproché de te tutoyer? Il m'a dit que ce n'était pas convenable. C'est comme s'il me disait que ce n'est pas convenable de t'embrasser. Oh! il peut être tranquille, ce n'est pas lui que je tutoierai jamais. Il me fait trop peur, tandis que toi...

LA DUCHESSE.

Alors ton oncle te fait peur?...

JANE.

Oh! je ne tremble pas devant lui. Je suis brave, moi, mais n'est-ce pas qu'il est bien imposant? Croirais-tu qu'il y a des jours où il m'appelle Mademoiselle Jane, moi qu'il a vue toute petite? Et avec toi, et avec Henry même, il est toujours si froid, si cérémonieux! Oh! je sais bien qu'il nous aime, mais il n'en a pas assez l'air.

LA DUCHESSE, *ironiquement à part.*

Oui, pas assez!

JANE *se lève.*

A propos... qu'est-ce que devient donc Henry? Voilà presque deux jours qu'on ne l'a vu. Il n'a pas dîné hier, il n'a pas déjeuné ce matin...

LA DUCHESSE.

Il a eu affaire, mon enfant. Les jeunes gens, vois-tu, ne peuvent pas toujours être auprès de leur mère, comme les petites filles. *(Henry paraît au fond.)* D'abord on les met au collège; ils ont tant de choses à apprendre! A peine en sont-ils sortis, qu'il faut les produire dans le monde. Alors le père s'en empare, et nous autres, les mamans, nous n'avons plus qu'à les accompagner de nos vœux et de nos espérances, et nous devons nous résigner à rester à la maison toutes seules.

SCÈNE IV

LA DUCHESSE, JANE, HENRY.

JANE, *apercevant Henry.*

Ah! le voilà! *(Henry redescend vers sa mère, fait un signe amical à Jane. La Duchesse lui tend la main qu'il baise en s'inclinant.)*

JANE, *à Henry.*

Ah! te voilà! Eh bien, je ne suis pas fâchée de te voir. J'ai justement de gros reproches à te faire.

HENRY, *très gêné.*

Vraiment, petite Jane?

JANE.

D'abord, je ne suis plus ta petite Jane. Je suis furieuse contre toi. Qu'est-ce que vous devenez, monsieur, depuis deux jours? Qu'est-ce que vous m'aviez promis avant-hier soir?

HENRY.

Oui, qu'est-ce que j'avais bien pu te promettre avant-hier soir?

JANE.

Et ces fameuses armoiries que vous deviez me dessiner pour la tapisserie de ton fauteuil?

HENRY, *souriant.*

Je suis impardonnable; mais tu as dit « ton » fauteuil, donc tu me pardonnes?

JANE.

Tiens, c'est vrai, puisque j'ai dit « ton » fauteuil.

LA DUCHESSE.

Tu as raison, mon enfant, pardonne-lui. Nous autres, femmes, nous sommes faites pour pardonner.

HENRY, *s'approchant de la Duchesse et lui prenant les mains, assis.*

Que vous êtes bonne, ma mère !

JANE.

C'est toujours la même chose! On leur passe tout, aux hommes, et puis ils en abusent. Eh bien, moi, je ne lui parle plus d'aujourd'hui, pour le punir; je vais lire le journal.

HENRY, *se levant.*

Aïe!

LA DUCHESSE *arrêtant Jane qui veut prendre un journal, et regardant Henry.*

Non, il y a là-dedans des choses que les petites filles ne doivent pas lire.

HENRY, *à part.*

Ma mère a lu. Cet imbécile de Max !...

JANE.

Alors je vais être forcée de lui parler. Mais je veux lui dire une fois pour toutes que ça ne peut pas durer comme ça, qu'il est toujours dehors, que c'est très mal et qu'il faut absolument qu'il reste ce soir avec nous!

HENRY.

Mais s'il ne faut que cela pour te faire plaisir...

LA DUCHESSE.

Oui, tu nous feras plaisir.

HENRY, *avec chaleur*.

A vous aussi, ma mère ? Oh ! oui, je reste aujourd'hui et tous les jours !

LA DUCHESSE, *souriant*.

Tous les jours, c'est peut-être beaucoup, mais plus souvent, c'est tout ce que je te demande.

JANE.

Et ce n'est guère !

HENRY.

Ce n'est rien. Mais votre indulgence pour moi est si grande, ma mère, que vous me demandez comme un sacrifice ce qui devrait être, ce qui est un bonheur pour moi.

JANE.

Eh bien ! on ne s'en douterait pas !

HENRY.

Toi, petite Jane, ne me taquine plus. Je parle à ma mère. (*Il vient s'asseoir près de la Duchesse.*) Dis-moi, mère, si nous faisions comme du temps où j'étais encore au collège ? Te souviens-tu ? les jours de sortie, quand, par hasard, je dînais à la maison, tu avais soin de faire servir tous les plats que je préférais. Tu n'as pas oublié lesquels, n'est-ce pas ?

LA DUCHESSE.

Oh ! nullement.

HENRY.

Eh bien! fais-moi le dîner de famille, avec un dessert qui n'en finisse plus. Et ensuite nous resterons tous au coin du feu. Tu travailleras avec Jane auprès de la lampe, et moi je vous ferai la lecture comme autrefois.

JANE.

C'est cela!

HENRY.

Oh! la bonne soirée que nous allons passer tous les trois!

JANE.

Tous les quatre! Et mon oncle?

HENRY, *se levant.*

Oui, c'est vrai... Tous les quatre. *(Une pause.)*

LA DUCHESSE.

Dis-moi, Henry, je te vois si peu... Voilà déjà six semaines que tu as été nommé attaché d'ambassade à Vienne. Comment se fait-il que tu ne rejoignes pas ton poste?

HENRY.

Je n'en sais rien. C'est mon père qui ne veut pas que je parte encore.

LA DUCHESSE.

Mais puisque tu es nommé?

HENRY.

Oh! simple amateur! C'est pour avoir un titre à mettre sur mes cartes. Je suis en congé illimité.

LA DUCHESSE.

Il me semble qu'à ton âge il n'est pas bon de rester

oisif. Tu as là une belle occasion de montrer ton mérite.
Tu devrais être plus ambitieux avec le nom que tu portes.
Attaché d’ambassade à vingt ans, c’est superbe !

HENRY.

Comme tous les fils d’ambassadeur. Et puis mon père
sait mieux que moi ce qui me convient.

LA DUCHESSE.

C’est juste. Cela ne regarde pas la mère.

JANE.

Mais, ma tante, on dirait que tu veux le faire partir. Au
moins, ici, nous l’avons, pas beaucoup, c’est vrai, mais
enfin nous l’avons !

LA DUCHESSE, *qui a pris un nouvel écheveau de laine.*

Jane, viens m’aider à dévider mon écheveau, je te prie.

HENRY, *vivement.*

Veux-tu que je le tienne, mère ?

JANE.

Comment, toi ? *(Elle rit.)*

LA DUCHESSE.

Grand enfant !

HENRY, *se mettant aux genoux de la Duchesse.*

Donne, maman. *(La Duchesse pose l’écheveau sur les mains
tendues de son fils, le regarde un instant, puis, brusquement, elle l’attire contre sa poitrine et l’embrasse avec passion.)*

LA DUCHESSE.

Ah ! si tu voulais ! *(Une pause. Son regard va d’Henry, age-
nouillé, à Jane qui sourit.)* Tiens, Jane, viens dévider mon
écheveau. *(Elle le lui donne.)*

HENRY.

Tu t'en vas, maman?

LA DUCHESSE.

Oui; il faut que j'aille donner des ordres pour ton
dîner.

JANE, *à la duchesse.*

Tu vas revenir, ma tante?

LA DUCHESSE.

Dans un instant. *(Elle remonte; à part, au fond, les regar-*
dant.) S'ils pouvaient s'aimer! elle le sauverait. *(Elle sort.)*

SCÈNE V

JANE, HENRY.

JANE.

Allons, monsieur, tenez-vous bien, les mains écartées,
et immobile!

HENRY, *à genoux sur un coussin.*

Voyons. Suis-je bien comme cela?

JANE.

Oui. *(Elle dévide.)*

HENRY.

Ah! c'est que l'émotion inséparable d'un premier début!... tu comprends?

JANE.

C'est bon!... mais, puisque je te tiens et que tu es

mon prisonnier, je vais en profiter pour te faire subir un petit interrogatoire. Tout à l'heure, devant ma tante, je n'ai pas insisté parce qu'elle est trop bonne et qu'elle te pardonne avant que tu aies rien dit; mais, à présent que nous sommes seuls et que je te tiens...

HENRY, *riant.*

Par un fil, comme un hanneton.

JANE, *sévère.*

Ne plaisantez pas, c'est très sérieux!... *(Reprenant.)* Maintenant que je te tiens, je veux savoir ce que tu as fait depuis deux jours.

HENRY, *embarrassé.*

Tu es bien curieuse.

JANE, *naïvement.*

Naturellement! J'ai remarqué que, chaque fois que tu t'absentais quelques jours et que je demandais de tes nouvelles, on me racontait une foule d'histoires que j'avais l'air de croire; mais, au fond, je n'étais pas dupe, et je voyais bien qu'on me cachait la vérité. Allons, lève un peu les bras et regarde-moi en face... Cette fois, je veux savoir où tu vas quand tu n'es pas avec nous.

HENRY.

Eh bien! je vais un peu m'amuser, tu penses bien?

JANE.

En effet, il faut que tu t'amuses beaucoup, puisque tu nous quittes si souvent. Mais, en somme, tu ne me réponds pas. T'amuser... t'amuser? Il y a bien des façons de s'amuser.

HENRY.

Je suis avec mes amis : nous causons, nous fumons,
nous jouons un peu, nous montons à cheval, nous faisons des armes, et puis... faut-il te l'avouer?... je suis
assidûment les conférences de la Sorbonne.

JANE, *boudeuse.*

Tu te moques de moi! On m'a déjà répondu tout cela,
excepté les conférences, pourtant.

HENRY, *à part.*

Mais, c'est que je ne peux pas!...

JANE.

Tiens-toi donc tranquille! Tu remues trop. Alors, tu
ne veux pas parler, c'est bien convenu?

HENRY, *à part.*

Ah! mais elle commence à devenir gênante. *(Haut.)*
Je t'assure que voilà tout.

JANE.

Allons, je vois que vous vous entendez tous. Je ne
saurai rien.

HENRY, *à part.*

Espérons-le!

JANE, *après un silence.*

C'est donc bien mal, ce que vous faites, qu'on ne
puisse pas le dire aux petites filles?

HENRY, *à part.*

Il n'y a rien à répondre à cette enfant-là. *(Il laisse retom-
ber ses mains et l'écheveau.)*

JANE.

Ah! tu es insupportable! Tu ne fais pas attention.

Voilà la laine tout embrouillée. Allons, remets-toi en place... Ah! le maladroit! *(Elle va pour replacer l'écheveau. Henry lui prend les mains et les baise.)*

JANE.

Eh bien! qu'est-ce que tu fais là? Si tu continues, nous n'en finirons pas.

HENRY, *qui a repris l'écheveau et s'est assis sur le canapé.*

Sais-tu, ma petite Jane, que tu deviens tous les jours plus gentille?

JANE, *s'asseyant aussi.*

Monsieur daigne s'en apercevoir?

HENRY.

Quel âge as-tu bien, maintenant?

JANE.

Trois mois de moins que toi. Bientôt vingt ans.

HENRY.

C'est vrai. Tu es presque une femme, tu es jolie. Dis-moi, quand tu vas au bal on doit te faire la cour?

JANE.

Certainement, et beaucoup! Il n'y a même que toi et les petits jeunes gens comme toi qui ne me la font pas. Je dirai même que cela m'étonne.

HENRY, *étourdiment.*

Ah! toi, tu n'es pas ce qu'il nous faut.

JANE.

Je ne te comprends pas. Qu'est-ce qu'il vous faut donc?

HENRY, *vivement.*

Ne fais pas attention, j'ai dit une bêtise. Ainsi, tu trouves singulier que je ne te fasse pas la cour?

JANE.

Évidemment! C'est le devoir des cousins. Tous ceux de mes amies sont très galants avec elles.

HENRY.

Alors, je ne suis pas galant, moi?

JANE.

Si, assez, quand tu es ici. Mais tu n'y es jamais!

HENRY.

Mais il fallait le dire. On restera plus souvent, petite cousine. Il est toujours agréable de passer le temps auprès d'une jolie fille comme toi.

JANE.

Donc, si je n'étais pas jolie, tu n'aurais pas de plaisir à rester avec moi?

HENRY.

Encore! *(A part.)* Décidément, je ne sais plus parler aux jeunes filles. *(Haut.)* Tu as raison, je ne dis que des sottises, et toi tu es un ange, tout simplement.

JANE, *qui a dévidé toute la laine.*

C'est fini. *(Elle se lève.)*

HENRY.

Et je n'ai rien pour ma peine? *(Le Duc entre au fond et s'arrête.)*

LE DUC, *à part.*

Seuls ensemble?

JANE.

Si. Voilà ! *(Jeanne tend son front à Henry, qui l'embrasse.)*

HENRY.

Chère petite ! *(A part.)* Je ne la connaissais pas encore.

SCÈNE VI

LE DUC, JANE *et* HENRY.

LE DUC, *à part.*

Diable ! c'est bien intime ! Ah ! pas elle, au moins.

JANE, *apercevant le Duc.*

Mon oncle !

LE DUC.

Oui ; je te cherchais, Henry.

HENRY.

Ah ! Vous aviez quelque chose à me dire, mon père ?

JANE.

Je vous laisse. Je vais rejoindre ma tante.

LE DUC, *embrassant Jane.*

Va, mon enfant. *(Elle sort.)*

SCÈNE VII

LE DUC, HENRY.

LE DUC, *froid et railleur.*

Alors, je tombe dans une idylle? Nous sommes à l'Opéra-Comique : *Rose et Colas,* musique de Monsigny. C'est très gentil.

HENRY, *interloqué.*

Mais, mon père, je ne vous comprends pas...

LE DUC.

Mes compliments! Je te trouve aux genoux de ta cousine. Baiser sur le front! C'est à se croire dans un sujet de pendule. Il ne te manque qu'une écharpe, un luth et des bottes à créneaux. On n'est pas plus troubadour!

HENRY, *un peu vexé.*

Mais, tu te trompes, papa. Je ne m'étais pas mis aux genoux de cette petite pour lui « peindre ma flamme ». Je l'aidais seulement à dévider un écheveau.

LE DUC.

De mieux en mieux! Tu dévides! Ça, c'est une autre littérature : c'est du théâtre de Madame! Ainsi, tu soupires pour ta cousine?

HENRY.

Après tout, elle en vaut la peine. N'est-elle pas charmante ?

LE DUC.

Écoute, mon garçon, un conseil d'ami. Ces petites
berquinades-là, c'est bon pour les grands rhétoriciens
aux mains rouges, avec des pantalons trop courts et des
souliers à cordons, piocheurs, forts en thèmes, qui ne
connaissent l'amour que par ce qu'ils en ont appris dans
leur Virgile expurgé. Mais, grâce à moi, tu n'es pas de
cette école. En fait de succès universitaires, tu n'as jamais obtenu que le prix de gymnastique ou d'équitation;
seulement, tu avais une montre à répétition à douze ans,
et, quand tu m'accompagnais aux courses, tu perdais
déjà tes cinq petits louis comme un homme. Donc, laisse-
moi de côté les ingénues en général, et ta cousine en
particulier.

HENRY.

Pardon, papa, il me semble que tu me prends pour un
actionnaire. Très joli, ton petit speech, et je l'ai dégusté
en connaisseur. Mais, comme effet, absolument raté. Tu
penses bien que je ne suis pas pour rien ton élève, et tu
devrais savoir que je ne suis plus assez jeune et pas encore assez vieux pour me laisser prendre aux charmes de
l'innocence.

LE DUC.

C'est juste, Henry. J'oublie toujours ta merveilleuse
précocité, et j'ai de la peine à me rappeler qu'à ton âge
tu n'as presque plus rien à apprendre.

HENRY, *un peu confus.*

Ah! papa, tu me gâtes!

LE DUC, *avec un ton singulier*.

Un peu! Cependant, tout en te rendant justice, je ne
veux pas que tu prennes trop d'amour-propre, et je vais
profiter de ce que nous avons un moment à nous pour
t'adresser quelques reproches, tout paternels, sur l'ensemble de ta conduite.

HENRY.

Des reproches? Tu n'es pas content de moi?

LE DUC.

Oh! ce sont de simples observations de détail, mais
qui, au point de vue de la correction de la tenue, ne
laissent pas que d'avoir leur importance.

HENRY.

Par exemple!

LE DUC.

Tiens, ton ivresse d'hier au soir, avec la petite scène
finale, c'est mauvais genre, absolument démodé! Nous
n'en sommes plus là. Ça rappelle 1840, lord Seymour,
la descente de la Courtille, et cætera. Il n'y a plus que les
canotiers de Chatou qui font du tapage après boire. J'ai
vu le moment où tu allais monter sur la table. Ce n'est
pas ainsi qu'un homme comme il faut doit se griser; tu
ne m'as pas fait honneur.

HENRY.

Tu as peut-être raison, papa : j'ai manqué de tenue.

LE DUC.

Tu m'as compris. Il ne s'agit pas de ne pas boire, mais
il ne faut pas avoir l'air d'un novice. Une autre chose

qui commence à me déplaire : où diable prends-tu tes maîtresses?

HENRY.

Comment! je n'ai jamais que des femmes à la mode! Chinchinette, que je viens de céder à Gontran, sauf son photographe et son coiffeur ordinaires, ne compte que des faiblesses aristocratiques.

LE DUC.

Soit, mais, puisque tu t'en es débarrassé, tu devrais songer à te faire une liaison plus intéressante.

HENRY.

Ah! je te vois venir! Une femme du monde!

LE DUC, *passant*.

Pourquoi pas? J'en connais de charmantes et qui achèveraient à merveille ton éducation de gentilhomme.

HENRY.

Veux-tu que je te dise, papa? Trop compliqué, l'adultère! C'est toujours la même histoire! Mon mari est à la chasse. Venez! On accourt. A peine a-t-on ôté son chapeau que, crac! retour de Monsieur. Je suis perdue! La fenêtre! C'est au cinquième, pas moyen. Un placard! On y étouffe. Que faire? Généralement tout s'arrange pour le mieux, mais, au bout du compte, ces choses-là, ce n'est agréable que pour le mari!

LE DUC.

Tout ce que tu voudras, mais moi, à ton âge...

HENRY.

Eh bien! papa, sois heureux. Je suis en train de mûrir une petite affaire.

LE DUC.

Ah! qui ça?

HENRY.

Je ne te ferai pas languir, mais sois discret : Madame
de Castéja.

LE DUC.

Tu as bon goût!

HENRY.

La femme du Grand Chef, ni plus ni moins!

LE DUC.

Eh! c'est assez dangereux.

HENRY.

A cause du fusil? Le fusil d'un Espagnol, c'est en cho-
colat.

LE DUC.

Allons, ça te regarde. D'ailleurs la petite Castéja en
vaut la peine.

HENRY.

N'est-ce pas?

LE DUC.

Mais tu as peut-être besoin d'argent?

HENRY.

Tu penses à tout.

LE DUC, *donnant des billets de banque.*

Tiens. Compte.

HENRY.

Oh! Il y a trop.

LE DUC.

Non, je suis très content de toi et je t'augmente.

HENRY.

Un père comme toi, c'est un ami!

LE DUC.

Qu'appelles-tu un ami? Encore un préjugé que tu avais conservé et que je te découvre. Vois-tu, mon cher Henry, il n'y a guère dans le monde que des associés d'intérêts ou des camarades de plaisir. Il n'y a pas d'amis.

HENRY, *un peu tristement*.

C'est vrai. Je ne m'en connais pas. Personne ne m'aime et je n'aime personne.

LE DUC.

Et tu n'en es pas moins heureux! Que te manque-t-il? Quelques illusions. Pour t'épargner la douleur de les perdre une à une, je te les ai enlevées toutes de bonne heure et je ne te demande même pas de reconnaissance pour ma peine. La reconnaissance, le respect, la tendresse, vertus bourgeoises dont je te dispense à mon égard. Tu connais d'ailleurs mes principes. Payer ses dettes de jeu dans les vingt-quatre heures, être toujours prêt à demander ou à accorder réparation d'une injure à un galant homme, voilà nos seuls devoirs à nous autres!

HENRY.

Eh bien! tu peux te vanter d'avoir joliment abrégé le décalogue, toi. *(Il se lève.)*

LE DUC.

Allons, il est quatre heures, viens-tu?

HENRY.

Où ça?

LE DUC.

Tu sais bien que tu as donné un rendez-vous au cercle
à cinq heures... Chavigny, à qui tu dois une revanche.
Enfin, ce soir, nous devons être au Palais-Royal pour les
débuts de la petite Olga.

HENRY, *embarrassé*.

Ah ! justement je ne puis pas t'accompagner.

LE DUC.

Pourquoi ?

HENRY.

C'est que...

LE DUC.

Eh bien ?

HENRY.

J'ai promis à ma mère de rester avec elle.

LE DUC, *à part*.

Ah ! *(Haut.)* Ce n'est que cela. Je vais arranger la
chose avec ta mère. Ce ne sera pas la première fois...

HENRY.

C'est justement pour cela, père, je ne suis pas trop souvent auprès d'elle. Réellement, je puis bien lui consacrer
une soirée par hasard.

LE DUC.

Un autre jour !

HENRY.

C'est qu'elle compte sur nous. Elle se fait une joie de
nous avoir tous à dîner, et comme j'ai beaucoup à me
faire pardonner — car je vois bien qu'elle n'approuve
pas notre manière de vivre...

LE DUC.

Ah! ta mère t'a chapitré?

HENRY.

Non, elle est trop indulgente! mais je suis certain de lui faire plaisir, et je ne voudrais pas perdre cette occasion de la contenter... à si peu de frais. Restons, père.

LE DUC.

Laisse-moi donc tranquille avec ton dîner de famille! J'entrevois des plats sucrés à soulever le cœur.

HENRY.

Bah! nous pouvons bien les braver pour être agréables à ma mère.

LE DUC.

Ah! la duchesse est trop exigeante! Que ne nous demande-t-elle de l'accompagner aux offices? Allons, je vois ce que c'est, tu éprouves le besoin de te mettre au vert. Tu es déjà rompu. Je te croyais plus solide.

HENRY.

Je t'assure que ce n'est pas la raison.

LE DUC.

Parbleu! pas de danger que tu en conviennes! Tu as trop d'amour-propre pour cela. Eh bien, reste, mon garçon, je dirai à ces messieurs que tu n'es pas remis de ta secousse d'hier et que tu te soignes. Bonsoir. *(Fausse sortie.)*

HENRY.

Tu vas me faire passer pour un enfant.

LE DUC.

Dame!

HENRY.

Alors, tu ne veux pas rester?

LE DUC.

Est-ce que nous n'avions pas pris des engagements?
Bonsoir.

HENRY.

Attends-moi. Je vais avec toi.

LE DUC.

Ah!

HENRY.

Je monte m'habiller, mais tu te charges de m'excuser
auprès de ma mère?

LE DUC.

C'est entendu. Je t'attends ici. *(Au moment où Henry va
pour sortir, la Duchesse entre.)*

SCÈNE VIII

LES MÊMES, LA DUCHESSE.

LA DUCHESSE.

Tu sors, Henry?

HENRY.

Ma mère...

LA DUCHESSE.

N'oublie pas que le dîner est pour sept heures.

LE DUC.

Pardon, madame, mais Henry vous avait promis un peu étourdiment. Il a oublié que nous devions passer la soirée chez un ami.

LA DUCHESSE.

Ah !

HENRY.

Oui, ma mère, tu ne m'en veux pas ?

LA DUCHESSE.

C'est bien. Va, mon enfant. *(Henry sort.)*

SCÈNE IX

LE DUC, LA DUCHESSE.

LA DUCHESSE.

Alors vous l'emmenez ?

LE DUC.

Une invitation.

LA DUCHESSE.

Oui, comme hier.

LE DUC.

Ah ! vous savez ?...

LA DUCHESSE.

Tout.

LE DUC.

J'en suis bien fâché, je vous l'assure.

LA DUCHESSE.

Et vous étiez avec lui?

LE DUC.

Vous le savez aussi?

LA DUCHESSE.

Comment voulez-vous que je l'ignore quand les journaux?...

LE DUC.

Ah! Ils ont tort.

LA DUCHESSE.

Mais vous qui?...

LE DUC.

Henry a vingt ans et je ne suis pas un Géronte.

LA DUCHESSE.

Ah! tenez, il y a des jours où je crois que vous êtes le
mauvais génie de votre fils!

LE DUC.

Allons donc!

LA DUCHESSE.

Vous sentez bien que je dis vrai! Et quand je viens vous
exprimer mes craintes maternelles, vous me répondez
avec ce ton glacial! Voyons, donnez-moi une raison
bonne ou mauvaise... peu m'importe, mais au moins dis-
culpez-vous.

LE DUC, très calme.

Et de quoi, mon Dieu?

LA DUCHESSE, vivement.

De quoi! (Changeant de ton et avec fermeté.) Jusqu'à présent
je me suis tue, et vous-même aurez la loyauté d'avouer

qu'il vous eût été difficile de trouver une épouse plus patiente.

LE DUC, *glacial.*

Je ne comprends pas.

LA DUCHESSE.

Vous me comprendrez tout à l'heure. Je n'ai jamais eu un seul mot de reproche pour l'abandon dans lequel vous m'avez laissée depuis quinze ans. Il ne s'agissait que de mon amour indignement outragé...

LE DUC, *l'interrompant.*

Oh! une scène. Permettez-moi de vous arrêter, madame. Après vingt ans de mariage! Voyons!... Je sais d'ailleurs tout ce que vous pourriez me dire : que, trop tôt fatigué d'une félicité sans nuage, je me suis un peu brusquement éloigné de vous... C'est vrai, j'ai eu ce tort et je le confesse. Mais je croyais que depuis le temps vous en aviez pris votre parti et que vous aviez compris que l'amour n'étant pas éternel...

LA DUCHESSE.

Aussi n'est-ce pas de cela que je veux vous parler. Jusqu'ici j'ai trouvé dans ma fierté de femme la force nécessaire au silence, et si je le romps aujourd'hui...

LE DUC, *l'interrompant.*

Pardon, mais j'ai à cœur de prévenir quelques-unes de vos plaintes. Jadis j'ai rencontré, à Paris, dans le couvent où je venais voir ma sœur, une jeune fille pauvre, à peine noble, que j'ai éperdûment aimée. Elle n'était ni de mon pays ni de ma caste, mais je lui ai fait partager sans hésiter, avec joie même, mon nom et ma fortune.

LA DUCHESSE, *avec fierté.*

Est-ce un regret?

LE DUC, *avec un ton singulier.*

Dieu m'en garde! Ne m'a-t-elle pas en échange rendu
complètement heureux? N'a-t-elle pas toujours été la
plus digne et la plus vertueuse des femmes? Eh bien! malgré cela, je l'avoue, je suis allé chercher bien loin le
bonheur que j'avais chez moi. Oh! mon crime est sans
excuse, mais si quelque chose peut l'atténuer, vous serez
la première à le reconnaître, ce sont les égards et le respect dont je n'ai cessé d'entourer celle que j'avais choi-
sie. Ainsi donc, si vous ne croyez pas devoir m'épargner
des reproches... un peu tardifs sur mon... inconstance,
convenez au moins que vous n'en avez pas d'autres à
m'adresser.

LA DUCHESSE, *avec force.*

Si, monsieur!

LE DUC.

Voyons donc! *(Il s'assied sur le canapé.)*

LA DUCHESSE.

Je désire, comme vous, éviter de vaines récrimina-
tions. Mais il faut pourtant que je vous rappelle de quelle
manière inexplicable vous m'avez laissée, moi et mon
enfant, pour vous plonger dans des plaisirs indignes de
vous!... Car je me souviens des premières années de
notre mariage, de cette vie d'intérieur, calme et douce,
pour laquelle vous sembliez fait et qui vous montrait si
affectueux, si dévoué, si bon! Je me souviens de votre
adoration pour notre enfant!... Ah! enfin!... Puis tout à
coup je ne vous vois plus qu'un instant, à de rares inter-

valles, froid, hautain, presque blessant sous une politesse affectée... et j'apprends par le monde le scandale de votre conduite! Je vous crus seulement un libertin. J'en ai bien souffert, soyez-en sûr, mais je vous avais pardonné d'avance et je n'attendais que votre retour! Je le désirais même!... Vous n'êtes jamais revenu! *(Mouvement du Duc. La Duchesse poursuit.)* Tout cela, encore une fois, je regrette de vous le dire. Je m'étais résignée, non sans peine, car je vous ai bien aimé!

LE DUC, *froidement.*

Après?

LA DUCHESSE.

Tant que j'ai eu mon fils auprès de moi, j'ai pu tout supporter. Mais, à huit ans, vous le mettez au collège. Les jours de congé, à peine ai-je le temps de l'embrasser, vous l'emmenez! Pendant les vacances, il voyageait avec vous et je restais seule. Je me disais : « Quand il aura fini ses études... » Eh bien, non! voilà trois ans qu'il est sorti du lycée, et c'est toujours de même... Mais où va-t-il avec vous, maintenant?

LE DUC.

Où il lui plaît d'aller.

LA DUCHESSE.

Oui, mais où il est mauvais que son père l'accompagne, où il est monstrueux que son père lui donne l'exemple! Car c'est vous, vous qui l'entraînez, vous qui le poussez même!

LE DUC, *protestant vaguement.*

Oh!

LA DUCHESSE.

Oui, c'est vous! Il ne me connaît pas et je ne le con-

nais pas, car vous me l'avez toujours pris; mais chaque
fois que je l'ai un moment, qu'il échappe à votre influence,
il redevient ce qu'il pourrait être, ce qu'il serait sans
vous : il est bon! il m'aime! Ce n'est plus cet enfant
sans cœur et sans jeunesse, dont j'apprends chaque jour
les hauts faits; c'est un fils plein de tendresse et de naï-
veté, c'est mon Henry que je retrouve! Enfin c'est vous
qui le perdez! Votre conduite est horrible! C'est mon
droit, c'est mon devoir de vous en demander compte.

LE DUC.

Oh! madame, voilà qui est terriblement solennel! A
vous entendre, je serais le corrupteur de votre fils?

LA DUCHESSE.

Hélas! *(Elle s'assied près du canapé.)*

LE DUC.

Vous le croyez donc bien perverti, ce cher enfant!
Ah! vous êtes trop sévère! Moi qui le vois de plus près,
je ne partage pas vos craintes, et je suis complètement
satisfait de lui.

LA DUCHESSE.

Mais moi, monsieur, je vois Henry courir à sa perte et
je dois intervenir.

LE DUC.

Eh, madame, qui vous en empêche? Ne dirait-on pas
que je l'emmène de force? J'adore ce cher enfant. Est-ce
ma faute s'il se plaît mieux dans ma compagnie que dans
la vôtre, et, pardonnez-moi le mot, s'il m'aime plus que
vous?

LA DUCHESSE.

Ah! monsieur, que vous ai-je donc fait? Il y a dans la

7

façon dont vous me parlez quelque chose qui me glace! Je ne vous reconnais plus.

LE DUC.

Que voulez-vous? On change.

LA DUCHESSE.

Oui, vous êtes bien changé, et tellement que j'ai peur de découvrir, dans cette étrange éducation que vous avez donnée à Henry, la mise en œuvre d'un système dont j'ignore le but, mais dont le résultat est certainement de me faire souffrir.

LE DUC.

Voyons! Voyons!

LA DUCHESSE.

En effet, non content de l'entraîner dans vos désordres, vous semblez avoir toujours pris soin de ne pas me laisser ignorer qu'il les partageait. Combien de fois ne l'avez-vous pas ramené ici dans un état qui me faisait honte et pitié? Hier encore... Tenez, monsieur, plus j'y songe, plus je crois que, tout cela, vous l'avez fait exprès!

LE DUC.

Bah!

LA DUCHESSE.

Et j'en arrive à me demander si vous n'auriez pas quelque motif de haine contre Henry ou contre moi, peut-être contre nous deux?

LE DUC.

Eh! madame, ceci est du mélodrame tout pur. Je vous ai dit, tout à l'heure, que je vous avais adorée; vous savez combien j'aime ce cher enfant, laissez-moi l'aimer à ma façon.

LA DUCHESSE.

Ainsi je ne vous arracherai pas une parole émue? Toujours le sarcasme et l'ironie! Eh bien! en voilà assez. J'ai déjà même trop attendu. Je me révolte et je vous déclare qu'à partir d'aujourd'hui je vais tout essayer pour le ramener à moi, pour vous le reprendre, enfin pour sauver mon enfant!

LE DUC.

Faites!

SCÈNE X

LE DUC, HENRY, LA DUCHESSE.

HENRY, *entrant.*

Papa, je suis à tes ordres.

LE DUC.

Tu t'es bien fait attendre. *(Henry s'approche de la Duchesse et lui baise la main. La Duchesse veut faire un mouvement pour le retenir. Le Duc s'approche d'elle, la regarde d'un air froid et menaçant, la salue et prend le bras d'Henry en lui disant :)* Viens, mon cher enfant. *(Henry s'éloigne au bras de son père.)*

LA DUCHESSE *retombe brisée sur le canapé et sanglote.*

Ah! mon Dieu! mon Dieu!

ACTE III

Chez le Duc

Un salon au rez-de-chaussée, ouvert au fond sur le jardin.
Deux portes au fond, porte à gauche et à droite.

———

LE DUC, LA DUCHESSE, HENRY, JANE. *La Du-*
chesse est assise auprès de son fils, sur un canapé, à droite. Le Duc,
debout, est appuyé sur la cheminée, au fond. Jane sert le café sur un
guéridon.

JANE.

Bien sucré, mon oncle?

LE DUC.

Comme tu voudras, mon enfant.

LA DUCHESSE, *à son fils.*

Eh bien, Henry, es-tu content de notre dîner?

HENRY.

Enchanté, ma mère, tu es trop bonne.

LE DUC, *sa tasse à la main.*

Convenez, madame, que vous n'avez pas à vous plaindre d'Henry. Depuis quinze jours, il n'a pas manqué un seul de nos repas de famille.

LA DUCHESSE.

Mais je ne m'en plains pas, au contraire, je l'en remercie.

JANE.

Il ne fait que son devoir, d'abord !

HENRY, *se levant.*

Allons, mère, maintenant que le café est pris, il te faut un petit tour de jardin, la soirée est magnifique. Donne-moi le bras, allons.

LA DUCHESSE, *se levant aussi.*

Je vois ce que c'est... tu veux fumer ?

HENRY, *s'approchant du Duc.*

Peut-être bien. Papa, as-tu un cigare ?

LE DUC, *bas, à Henry.*

Dis donc, Henry, tes tendresses filiales m'ont l'air de te faire oublier ton rendez-vous avec madame de Castéja ?

HENRY, *de même.*

Bah ! j'ai bien le temps ! c'est pour dix heures.

LE DUC, *lui donnant un cigare, haut.*

Tiens, modèle des fils ! Et prends garde, ils portent à la tête.

HENRY.

Ah ! tu plaisantes ! *(A la Duchesse.)* Viens, maman. *(Henry donne le bras à sa mère et sort avec elle.)*

JANE, *les regardant sortir.*

Eh bien!... Et moi?... On ne m'emmène pas?

SCÈNE II

LE DUC, JANE.

LE DUC.

Non, je te garde. Cinq minutes, veux-tu? Le temps de
causer un peu... gentiment, entre nous, comme doit le
faire un oncle avec sa nièce... Hein? Allons, assieds-toi
là.

JANE, *s'asseyant sur le canapé.*

Me voilà! Je n'ai pas si souvent l'occasion d'être avec
vous.

LE DUC, *sur une chaise, à côté d'elle.*

C'est vrai, je ne reste pas ici autant que je le voudrais.
Les affaires!... Mais ce n'est pas une raison de croire
que je ne m'inquiète pas de toi.

JANE.

Je sais bien que vous aimez beaucoup votre petite
Jane, mais...

LE DUC.

Mais?... Tu ne me trouves peut-être pas assez amical,
assez familier? Ne fais pas attention, va, je ne t'en aime
pas moins! Tu es la fille de ma sœur, tu es de mon sang...

(Il l'embrasse.) et tu occupes la première place dans mon affection.

JANE.

Après Henry?

LE DUC, *conciliant.*

Après Henry. Eh bien! nous tâcherons de devenir un peu plus aimable, afin que vous ne doutiez plus qu'on vous aime, mademoiselle.

JANE, *gaiement.*

Oh! si vous étiez toujours comme ça!

LE DUC.

Je suis donc comme tu veux, aujourd'hui? Je ne t'intimide pas? Eh bien, voyons, si nous nous faisions de petites confidences?

JANE.

Je n'ai rien de caché pour vous, mon oncle.

LE DUC.

Oh! tu dois bien avoir un secret de jeune fille?

JANE.

Non, je n'ai pas de secret, je vous assure.

LE DUC.

Tu m'étonnes. Car, enfin, tu vas avoir vingt ans.

JANE.

Eh bien?

LE DUC.

A ton âge, presque toutes les jeunes filles commencent à rêver à l'avenir, et l'avenir pour elles, c'est le mariage.

JANE.

Mais...

LE DUC.

Il n'y aurait rien d'étonnant; j'y songe bien pour toi.

JANE.

Ah! vraiment?

LE DUC.

Mon Dieu, oui! avant peu, il va falloir s'en occuper.

JANE.

Déjà!

LE DUC.

Et ce serait tout naturel que ta jeune imagination eût travaillé sur ce sujet qui, après tout, t'intéresse encore plus que moi! Voyons, tu as dû te faire un petit monde de projets, te créer un idéal peut-être? Est-ce que je sais?... Si je me trompe, n'en parlons plus; mais si j'ai touché juste, tu devrais tout me confier. N'oublie pas que ton oncle est ton meilleur ami, et que je suis là pour approuver, guider et au besoin rectifier ton choix.

JANE.

Mon Dieu! je n'oserais pas vous affirmer que je n'aie pas vaguement...

LE DUC.

Là!... Gageons que tu as déjà distingué quelqu'un!... Encore une fois, mon enfant, c'est tout simple. Quel est-il? Ne crains pas de me le nommer. S'il y a quelques difficultés, c'est à moi de les aplanir! Peu importe qu'il soit pauvre, tu es assez riche pour deux. L'essentiel est qu'il te plaise et qu'il soit digne de toi.

JANE.

Comment! vous voulez que je vous dise tout de suite son nom?

LE DUC.

A quoi bon faire des mystères?

JANE.

Puisque vous avez tant de malice, je veux vous laisser
le plaisir de deviner.

LE DUC.

Ça, c'est plus difficile. Donne-moi au moins quelques
renseignements.

JANE.

Cherchez.

LE DUC.

Il est de notre monde, naturellement. Il est jeune?

JANE.

Presque de mon âge.

LE DUC.

Un peu jeune! Enfin!... aimable?

JANE.

Charmant!

LE DUC.

Tu le vois souvent?

JANE.

Pas tant que je le voudrais.

LE DUC, *souriant.*

Ah! Ça va bien!... De nos connaissances?

JANE.

Intimes.

LE DUC, *inquiet.*

De la famille?

JANE.

Juste!

LE DUC, *vivement.*

Ce n'est pas Henry?

JANE, *se levant.*

Précisément!... C'est Henry!

LE DUC, *à part, se levant aussi.*

C'est ce que je craignais! *(Haut.)* Tiens, c'est Henry!
Ah! par exemple, c'est le dernier auquel j'aurais songé!

JANE.

Et pourquoi donc ça?

LE DUC.

Oh! ma chère petite, pour une foule de raisons!...
Henry n'est qu'un enfant, bien plus enfant que toi. Tu
es sérieuse, raisonnable, tandis que lui!...

JANE.

Lui?

LE DUC.

Tu ne sais pas ce qu'est Henry!... Très gentil garçon,
mais d'une frivolité!... un peu trop mauvais sujet! Crois-
moi, il a des défauts très graves, et aucune des qualités
de cœur que je voudrais voir à ton mari.

JANE.

Comment, c'est vous, son père, qui en parlez ainsi?

LE DUC.

Sois bien persuadée qu'il me coûte beaucoup d'être
obligé de te désabuser sur son compte, mais je n'agis que
dans ton intérêt, que pour ton bonheur. Henry ne te

convient en aucune façon. Avec lui tu serais certainement malheureuse.

JANE, *avec résignation*.

Eh bien! sans lui je le serai encore plus, car je sens
que je n'en aimerai jamais un autre!

LE DUC, *à part*.

Ah! voilà un danger que je n'ai compris que trop tard.
A tout prix, je le conjurerai cependant. *(Haut.)* Mais lui,
sais-tu s'il t'aime?

JANE.

Non, je ne sais pas s'il m'aime. En tout cas, il ne me
l'a jamais dit.

LE DUC, *à part*.

Ah! bien! *(Haut.)* Voyons, ne te fais pas de chagrin,
ma bonne petite Jane. Aie confiance en moi. Mais voilà
ta tante. Laissons cela, nous en reparlerons plus tard.
(Ils se séparent. Jane, à gauche, va s'asseoir sur le canapé.)

SCÈNE III

JANE, LA DUCHESSE, HENRY, LE DUC.

HENRY, *à sa mère*.

Oui, maman, tu ne peux pas t'imaginer ce que c'est
que cette bête-là. *Bill* est tout simplement une merveille.

LA DUCHESSE, *souriant*.

Mais je l'ai aperçu, ton chien. Il est très vilain.

HENRY.

Peut-on proférer de pareils blasphèmes! Un ratier sublime!

LE DUC.

Henry, tu n'oserais pas dire à ta mère ce qu'il t'a coûté.

LA DUCHESSE, *très indulgente.*

Encore quelque folie!

HENRY, *bas, au Duc.*

Papa, voyons!

LE DUC, *riant.*

Non; raconte un peu l'anecdote; je suis sûr qu'elle amusera la duchesse.

HENRY, *de même.*

Tais-toi, je t'en prie.

LE DUC.

C'est bon! On sera discret.

LA DUCHESSE, *à part.*

Qu'a-t-il encore voulu dire?

LE DUC, *à la Duchesse, montrant un cigare.*

Madame, à mon tour... vous permettez? *(Il sort.)*

SCÈNE IV

LA DUCHESSE,
HENRY, JANE, *puis* LE DOMESTIQUE.

HENRY.

Eh bien! maman, à l'heure qu'il est, tu ne t'en doutes pas, mais je te fais un sacrifice énorme.

LA DUCHESSE.

Lequel donc, mon enfant?

HENRY.

Je manque la première des *Folies,* une pièce de Max.

LA DUCHESSE, *souriant.*

Oh! ce n'est que cela?

HENRY.

Comment, ce n'est que cela! Mais tout le *Bébé-Club* y sera en grande tenue! Mon absence sera remarquée, et je suis un homme déshonoré, tout simplement!...

LA DUCHESSE.

Enfin, tu ne regrettes pas trop ta soirée?

HENRY.

Voilà ma réponse. *(Il l'embrasse.)*

UN DOMESTIQUE, *entrant, apportant une lampe.*

Une dame quêteuse fait demander à Madame la Duchesse si elle peut la recevoir.

LA DUCHESSE.

Certes! J'y vais tout de suite... A tout à l'heure, mes enfants. *(Elle sort.)*

SCÈNE V

HENRY, JANE.

HENRY, *courant gaiement vers Jane.*

Ah! petite Jane, puisque nous voilà tous les deux, il faut que je te dise... *(Changeant de ton.)* Tiens! qu'est-ce que tu as donc? *(Il s'accoude au canapé.)*

JANE.

Moi? Rien.

HENRY.

Tu as l'air tout mélancolique.

JANE.

C'est possible.

HENRY.

Et tout à l'heure tu étais si gaie! Alors un gros chagrin?

JANE.

Oui, j'ai de la peine.

HENRY.

Toi!... Est-ce que les enfants ont de la peine? *(Elle se lève.)* Nous avons donc perdu subitement notre perruche ou notre petit chien?

JANE.

Voilà! tu es comme tout le monde, tu me prends toujours pour une enfant. Eh bien! je ne suis plus une enfant. Et il n'y a pas longtemps que je le sais.

HENRY, *s'approchant.*

En vérité! Mais que t'est-il donc arrivé?

JANE.

Quand je te le dirais?

HENRY, *venant à elle, derrière.*

Mais il me semble que tout ce qui te touche m'intéresse. Voyons, tu es restée avec mon père. Est-ce que ce serait lui qui...?

JANE.

Ah! mon Dieu, je n'ai pas de raison pour te cacher cela. Je viens de causer avec mon oncle. Il m'a dit que j'étais en âge d'être mariée.

HENRY.

Ah! Et c'est ça qui te chagrine?

JANE.

Non, mais il m'a demandé si j'avais remarqué quelqu'un, et...

HENRY.

Et tu as répondu?

JANE.

Que oui.

HENRY, *rêveur.*

Ah! Alors tu aimes quelqu'un?

JANE.

Je le crois.

HENRY, *avec une curiosité fâchée.*

Et il t'aime?

JANE.

J'ai peur que non. Et puis, d'ailleurs, mon oncle ne veut justement pas de lui.

HENRY, *vivement.*

Mon père est raisonnable! Il doit avoir des motifs sé-rieux.

JANE, *le regardant avec malice.*

Allons, je vois que tout le monde lui en veut!... Toi aussi!

HENRY.

Certainement. D'abord c'est un niais, ton jeune homme, de ne pas t'aimer et de ne pas s'apercevoir que tu l'aimes.

JANE.

Tu trouves?

HENRY.

Comment!... Il y a au monde un être auquel un petit ange comme toi daigne s'intéresser, et qui n'y prend pas garde! On n'est pas aveugle à ce point-là!... Il est stu-pide, ce garçon! *(Avec mélancolie.)* Ah! ce n'est pas moi qui manquerais un bonheur pareil; il est vrai qu'il ne m'arrivera pas.

JANE, *se levant.*

Tu serais joliment attrapé si je te disais qui c'est!

HENRY, *étonné, la regarde. A part.*

Est-ce que?... *(Elle sourit; il comprend.)* Tu m'aimes?

JANE.

Tu vois bien qu'il ne faut jamais dire de mal des gens qu'on ne connaît pas!

HENRY.

Tu m'aimes?

JANE.

On n'est pas aveugle à ce point-là! Ce n'est pas moi qui manquerais un bonheur pareil!

HENRY.

Comment, ma chère petite Jane, tu as pensé à ton mauvais garnement de cousin? Est-ce possible?

JANE.

Et tu vois bien que j'avais raison de dire qu'il ne pensait pas à moi!

HENRY, *un peu moqueur, comme pour cacher son émotion.*

C'est par modestie! Je ne me croyais pas susceptible de t'inspirer de l'amour, je ne me croyais pas digne de toi! Voilà tout! Et si je n'ai pas deviné plus tôt, c'est que je n'aurais jamais osé concevoir une telle espérance!... *(Plus sérieux et avec sincérité.)* Écoute, tu ne me croiras peut-être pas, et pourtant je dis la vérité. Bien souvent, en te voyant grandir près de moi et devenir chaque jour plus jolie, pénétré, sans m'en rendre compte, par le charme de ta jeunesse, je me suis dit un peu tristement : « Ce n'est pas moi qu'elle choisira, et cependant comme je l'aimerais!... »

JANE.

Eh bien! puisque je t'aime!

HENRY, *lui prenant les mains, avec une émotion réelle.*

Oh! chère petite! ton innocence a toujours raison! Je veux t'aimer, moi aussi. Je t'aime!

JANE, *un peu moqueuse.*

Comme cela, tout de suite?

HENRY, *avec chaleur.*

Savais-tu toi-même hier ce que tu éprouvais pour moi, et n'a-t-il pas fallu les questions de mon père pour te le faire comprendre? Eh bien! moi, c'est la crainte de te perdre, c'est mon premier mouvement de jalousie, c'est l'aveu de ton amour, enfin, qui m'a révélé le mien.

JANE.

Et mon oncle qui ne veut pas nous marier!

HENRY.

Sois tranquille! Mon père m'adore, il fait toutes mes volontés; quand je lui dirai que nous nous aimons et que je te veux pour femme, il faudra bien qu'il cède.

JANE.

Tu crois?

HENRY, *tendrement.*

J'en suis sûr.

JANE, *très émue.*

Ah! Henry, ça me fait bien plaisir, ce que tu me dis là. (*Elle s'assied, pleurant presque.*)

HENRY, *à part.*

Comme elle est troublée! Mais alors... elle est à moi,

quand je voudrai!... *(Se ressaisissant et comprenant à quel sentiment vil il s'est laissé aller.)* Ah! je viens d'avoir une pensée hideuse!... Suis-je donc tombé si bas?... Comment! lorsque cette enfant vient de m'avouer son amour, mon premier instinct est de... Ah! non!... Tout, mais pas cela!

JANE, *étonnée.*

Comme tu es devenu sombre!

HENRY, *venant s'asseoir à ses pieds,*
et tout à fait redevenu bon, sincère et loyal.

Ne t'inquiète pas. Tu es un ange, et je t'aime, voilà tout!... Et je t'épouserai! Et nous serons heureux!... Ah! tu ne te doutes pas du bien que tu viens de me faire, ma Jane adorée! Mais c'est le salut que tu m'offres, tu sais? Non, tu ne sais pas, mais ça ne fait rien, tu me sauves! J'étais un petit misérable, vois-tu!

JANE, *protestant.*

Toi!

HENRY.

Non, tais-toi, je ne sais pas ce que je dis. Donne-moi tes mains. Je t'adore! Et c'est maman qui va être heureuse! Nous allons aller lui dire tout de suite : *(Ils se lèvent.)* « Maman, nous nous aimons. » Eh bien! non; tout à l'heure. Restons encore un instant tout seuls. Regarde-moi là, et répète-moi que tu m'aimes.

JANE.

Mais tu le sais, Henry!

HENRY.

C'est que tu ne peux pas te figurer comme j'étais

bête! Oh! mais, bête! ça n'a pas de nom. Je te raconterai ça plus tard.

JANE.

Quand?

HENRY.

Dans une dizaine d'années, quand nous serons mariés et que nous aurons beaucoup d'enfants, comme dans les contes de fées. Ah! j'ai tant de joie! Tiens, laisse-moi t'embrasser. *(Il lui donne un tendre baiser au front.)*

JANE, *avec un soupir.*

Ah! allons vite retrouver ta mère. *(Ils vont pour sortir au fond et rencontrent d'Ecquevilly.)*

SCÈNE VI

HENRY, JEANNE, D'ECQUEVILLY.

D'ECQUEVILLY.

Ah! Henri, ton père n'est pas là?... On m'avait dit qu'il était dans le jardin à fumer un cigare. Je l'ai cherché partout sans pouvoir le trouver *(Saluant Jane.)* Ah! mademoiselle!

JANE, *gentiment.*

Monsieur d'Ecquevilly!... Vous allez bien?

D'ECQUEVILLY.

Assez mal, je vous remercie.

JANE, *poliment.*

Ah! *(Pour dire quelque chose.)* Alors, continuez!

HENRY.

Nous allons vous envoyer mon père. Viens, Jane. *(Jane et Henry sortent.)*

SCÈNE VII

D'ECQUEVILLY, *puis* LE DUC.

D'ECQUEVILLY, *seul d'abord.*

Voilà mon étourneau qui ne se doute pas de ce qui le menace! Ces jeunes gens! Ah! quand j'avais son âge, j'étais absolument comme lui! *(Entre le Duc.)* Ah! bonsoir, mon ami, je t'attendais avec une impatience!

LE DUC.

Par quel hasard?

D'ECQUEVILLY.

Max est un petit drôle, à qui je me réserve de tirer les oreilles.

LE DUC, *assis.*

Bah! Qu'a donc encore fait cet intéressant jeune homme? Assieds-toi, mon ami.

D'ECQUEVILLY, *tirant de sa poche
un numéro de l'Information.*

Tiens, lis... Deuxième colonne... en haut.

LE DUC.

Voyons. *(Il lit.)* « Un futur scandale à l’horizon. Trois personnages. Primo, un noble étranger possédant une des plus jolies femmes de la colonie hispano-américaine... » Castéja apparemment?

D’ECQUEVILLY.

Va toujours.

LE DUC, *reprenant sa lecture.*

« Secundo, ladite plus jolie femme; tertio, un petit marquis. » Tiens! « Cour assidue. Pavillon discret au fond d’un parc. Rendez-vous tous les soirs. Mari informé. La galerie attend le dénouement. » *(Froidement.)* Eh bien?

D’ECQUEVILLY.

Tu ne comprends donc pas?

LE DUC.

Je comprends qu’on vise Castéja, dont Henry courtise la femme. Mais, s’il est informé, cette note met les amants sur leurs gardes?

D’ECQUEVILLY.

Castéja ne savait rien, comme de juste, bien que ton fils eût été d’une imprudence et d’une indiscrétion!... C’est cet « Écho » stupide et malveillant, dont l’auteur n’a peut-être même pas mesuré toute la portée, qui lui a ouvert les yeux.

LE DUC.

En es-tu sûr?... Personne ne lit *l’Information mondaine.*

D’ECQUEVILLY.

Castéja l’a lue tout à l’heure, après dîner, au cercle. Je l’ai vu devenir pâle et jeter le journal avec colère. Je lui

ai demandé ce qu'il avait; il m'a montré l'article. « Il
s'agit de ma femme et du petit marquis, m'a-t-il dit. —
Vous n'y pensez pas, Castéja? ai-je répliqué. — J'y pense
si bien que je vais surveiller tout ça, et dès ce soir. »
J'ai essayé de le détromper. J'ai insisté, mais il n'a rien
voulu entendre, et il est parti furieux. Moi, je suis
accouru de suite pour t'avertir. Il faut qu'Henry cesse
ses relations avec madame de Castéja.

LE DUC.

Évidemment. Mais cet article est-il vrai? Et ces rendez-vous ont-ils lieu réellement?

D'ECQUEVILLY.

Tu le sais aussi bien que moi.

LE DUC.

Et c'est sans doute mon pavillon de Louveciennes
qu'on a voulu désigner?

D'ECQUEVILLY.

Parbleu! Castéja l'a parfaitement compris. Il connaît
ton pavillon de chasse, un vrai coupe-gorge isolé au
milieu des bois. Aussi, ce serait terrible si Henry devait
s'y trouver ce soir avec madame de Castéja, car on n'aurait pas le temps de l'avertir. Elle habite Saint-Germain.

LE DUC, *se levant*.

Tu as raison. Je vais en parler à Henry.

D'ECQUEVILLY, *se levant aussi*.

Cette brute de Castéja est capable de tout. Tu sais,
nous l'avons souvent plaisanté sur sa jalousie et son rifle
double canon, mais, au fond, c'est très sérieux. Tu te

souviens de cette histoire qu'il te racontait l'autre jour?
Il va aller monter la garde autour de ton pavillon, et, s'il
surprend Henry avec sa femme, il est homme à les tuer
net tous les deux. Pardon, mon ami, de te rappeler la
douloureuse confidence que tu m'as faite. Henry n'est
pas ton fils, mais, ce malheureux enfant, je m'y intéresse,
je l'aime, et toi, malgré tout, tu ne peux pas vouloir sa
mort?

LE DUC, protestant.

Oh!...

D'ECQUEVILLY.

Enfin, te voilà prévenu. Moi, je m'en vais chercher le
jeune Max, à qui je me propose de dire deux mots.
Henry n'est pas parti. Je l'ai aperçu tout à l'heure. Ainsi,
fais pour le mieux.

LE DUC.

Merci. Et sois tranquille, mon ami. Pour le mieux.

D'ECQUEVILLY.

Au revoir. A bientôt. (Il sort.)

SCÈNE VIII

LE DUC, seul, au guéridon,
s'asseyant, après avoir reconduit d'Ecquevilly. Sombre :

Eh bien! mais tout est pour le mieux, en effet. Si
Henry va à ce rendez-vous... (Après un moment d'hésitation.) tout est dit!... (Entre Henry. Le duc se retourne.) Ah!
le voilà!

SCÈNE IX

LE DUC, HENRY.

HENRY *entre, vêtu comme quelqu'un qui va sortir. Après quelques instants d'hésitation, il ôte son chapeau et ses gants, et les pose sur le canapé.*

Décidément, je n'y vais pas.

LE DUC.

Où donc?

HENRY.

A mon rendez-vous avec madame de Castéja.

LE DUC, *vivement.*

Tu ne... Il y a donc contre-ordre?

HENRY.

Non.

LE DUC, *à part.*

Il ne sait rien. *(Haut.)* Alors?

HENRY.

J'abandonne cette affaire-là.

LE DUC.

Ah!

HENRY.

Oui. D'ailleurs, je vais te parler en toute franchise. Je renonce d'autant plus aisément à cette intrigue que nous

9

n'en sommes encore, madame de Castéja et moi, qu'au simple marivaudage. Nos rendez-vous ont été, jusqu'ici, absolument platoniques; celui de ce soir eût peut-être été décisif; mais, quand tu m'auras entendu, tu comprendras pourquoi je n'y vais pas.

LE DUC.

Voyons.

HENRY.

Tu vas évidemment te moquer de moi. Mais, bah! je ne t'ai jamais rien caché, et je ne commencerai pas aujourd'hui. Vois-tu, je pense que tu t'es fait illusion sur mon compte. Tu as cru qu'il y avait en moi l'étoffe d'un de ces grands viveurs dont tu continues si brillamment la tradition, et tu m'as donné une éducation parfaite, à ce point de vue. Moi-même, j'ai d'abord été séduit par ton exemple, je t'ai admiré et j'ai essayé de t'imiter.

LE DUC.

Mais...

HENRY.

Eh bien! tu as dû toi-même t'en apercevoir, cette vie de plaisirs excessifs exige un autre tempérament et d'autres goûts que les miens. Que veux-tu? Je ne suis pas de ta trempe, et, quoique je commence à peine, je suis déjà fatigué. Et puis, pardonne-moi de te parler ainsi, à toi qui te plais dans ce bruit et dans cette fièvre, ce n'est pas seulement de la lassitude que j'en éprouve, c'est, passe-moi le mot, une sorte de dégoût.

LE DUC.

Bref!

HENRY.

En outre, je remarque tous les jours, de plus en plus,

que ma mère avait rêvé autre chose pour moi et que je
lui fais beaucoup de peine. Raison de plus de quitter
ce milieu, séduisant pour tant d'autres, j'en conviens,
mais dans lequel je ne me sens plus à l'aise. Car la vérité,
c'est que je viens de découvrir ma vocation.

LE DUC.

Bah!

HENRY, *gaiement*.

Je suis stupéfait que tu ne m'aies pas encore éclaté de
rire au nez! Mais, puisque tu le prends si bien, je continue. Donc ma vocation, ne ris pas, c'est de devenir le
plus tôt possible un excellent père de famille. Comment,
tu ne me dis rien?

LE DUC.

Non, mon ami, je te comprends très bien, et quoique
les préliminaires de ton petit discours aient quelque peu
l'air d'une morale à mon adresse.

HENRY.

Oh! papa!

LE DUC.

Tu es excusé. Tu as affaire à un père qui t'aime, tu
viens me parler sérieusement d'une chose sérieuse, et je
t'écoute de même. Mais voilà une conversion bien su-
bite.

HENRY, *timide*.

En une seule phrase je vais te faire connaître mon chemin de Damas. Monsieur le duc de Cardigan, j'ai l'honneur de vous demander la main de miss Jane de Soulanges,
votre nièce et pupille.

LE DUC, *à part*.

Je m'en doutais!

HENRY, *avec chaleur.*

Mon père, Jeanne et moi nous nous aimons. Elle vient de me dire presque en pleurant que vous n'étiez pas disposé à notre union, et je devine bien un peu pourquoi. Ma jeunesse... accidentée, n'est-ce pas? Mais, je vous le jure, je veux devenir un autre homme, et vous pouvez me confier le bonheur de cette enfant.

LE DUC, *à part, avec fureur.*

A lui! Comment donc! *(Haut et avec une ironie contenue.)* Ah! tu aimes ma chère petite Jane? Ah! tu trouves que cette adorable et pure jeune fille est digne de devenir ta compagne? Eh bien! tu as eu là une heureuse idée!

HENRY.

Alors?...

LE DUC.

Tout à l'heure, lorsque Jane m'eut avoué son inclination pour toi, mon premier mouvement fut de l'en détourner, car j'ignorais que tu eusses à son égard les mêmes sentiments; mais, du moment que votre amour est partagé, je te le dis tout de suite, je ne vois aucun obstacle à ce mariage.

HENRY.

Oh! que tu es bon!

LE DUC.

Patience! En principe, c'est entendu. Mais, d'abord, vous êtes bien jeunes tous deux. Ensuite, j'ai besoin de m'assurer que vous ne formez pas à la légère un projet aussi solennel.

HENRY.

Oh! comment peux-tu croire?...

LE DUC.

Je vous demande un délai d'un an. Est-ce trop?

HENRY.

C'est toujours trop! Mais je suis si heureux de te voir consentir, que je t'accorde tout ce que tu voudras. C'est pour me mettre à l'épreuve? Va, j'en sortirai à mon honneur, et pas plus tard que dans quinze jours, pour rompre, absolument, avec mon passé, je vais rejoindre mon poste à Vienne, à l'ambassade.

LE DUC.

Voilà une vaillante résolution! Dans quinze jours tu seras un petit garçon bien rangé et bien sage... *(Après un temps.)* Mais ce soir tu es en train de te conduire comme un homme mal élevé.

HENRY.

Moi!

LE DUC, *tirant sa montre.*

Dame! Il est neuf heures...

HENRY.

C'est juste! mon rendez-vous? Mais puisque je t'ai dit que je ne voulais plus y aller.

LE DUC.

Je le conçois; mais on doit toujours être exact au rendez-vous qu'on a donné à une femme, fût-ce pour rompre.

HENRY, *prenant son chapeau et ses gants.*

Quand je te disais que c'était assommant, les femmes mariées!

LE DUC, *au fond, légèrement.*

Que veux-tu !

HENRY, *au fond.*

Ah ! je ne partirai pas sans te remercier encore. Jamais tu n'as été aussi bon pour moi, et tu ne te doutes pas comme je t'aime ! *(Henry veut embrasser son père qui le repousse doucement en lui serrant la main.)*

LE DUC.

Va ! bonne chance ! *(Henry sort rapidement.)*

SCÈNE X

LE DUC *seul,* puis LA DUCHESSE.

LE DUC, *avec agitation.*

Ah ! j'ai cru qu'il ne partirait pas ! Je ne le haïssais pas assez, il voulait me prendre ma Jane adorée, la fille de ma sœur qui est devenue ma fille, le seul être que je puisse encore aimer ! *(Après un temps.)* Pourvu que le mari soit là maintenant. Oh ! il y sera ! Allons, je touche à la fin de mon supplice ; je vais donc enfin pouvoir dire à cette femme comment je me suis vengé d'elle ! Ah ! ce sera une horrible jouissance, et quand j'aurai fait justice de l'adultère, eh bien ! je ferai justice du meurtrier ! *(Il remonte au fond et regarde.)* Une fois cette voiture partie, rien ne peut plus le sauver ! Ah ! j'ai froid ! *(Il boutonne son habit.)*

LA DUCHESSE, *entrant, avec un élan de joie.*

Ah! Monsieur...

LE DUC, *se retournant.*

Elle!

LA DUCHESSE.

Je viens vous remercier. *(Mouvement du Duc.)* Ce que vous avez fait pour Henry rachète et efface tous les torts que je vous reprochais. Henry, qui sort d'ici, est fou de joie! Il m'a dit que vous lui accordiez la main de Jane. Est-ce bien vrai? Mais vous ne m'écoutez pas?

LE DUC, *dissimulant son agitation.*

Pardonnez-moi... Je vous entends, allez toujours! *(A part.)* On n'en finira donc pas d'atteler!

LA DUCHESSE.

Vous avez enfin compris, n'est-ce pas, quel danger il y avait pour votre fils à gaspiller ainsi sa jeunesse et son cœur?... Vous avez senti que cet amour pur s'offrait à lui comme une rédemption et le mettait à jamais à l'abri des souvenirs et des regrets de sa vie passée? Vous avez bien agi, monsieur, vous l'avez sauvé.

LE DUC.

Oui... oui... madame... nous causerons de cela tout à l'heure. *(On entend le roulement d'une voiture. A part.)* Enfin, il est parti!

LA DUCHESSE, *qui a remarqué son agitation.*

Mais qu'avez-vous donc?

LE DUC, *froidement.*

Continuez, madame, maintenant je suis tout à vous.

LA DUCHESSE, *doucement*.

J'ai le cœur plein de reconnaissance et je tenais à vous l'exprimer tout de suite. Je l'ai fait... Mais, si j'osais, je vous adresserais une prière. *(Pause)*. Puisque vous avez reconnu pour Henry que le vrai bonheur est dans les joies de la famille, pourquoi vous en éloigneriez-vous encore?... Oh! ne faites pas mentir une espérance que je viens de concevoir et qui m'est bien douce!... Laissez-moi croire que vous vous apercevrez enfin qu'ici l'on vous regrette et l'on vous attend, et que vous reviendrez vous asseoir à cette place si longtemps laissée vide, entre vos enfants que vous allez unir et moi qui n'ai jamais cessé de vous aimer!

LE DUC, *après un silence*.

Il y a une chose qui m'a toujours confondu, c'est l'impudence des femmes!

LA DUCHESSE, *avec un cri étouffé*.

Que signifie?

LE DUC.

Ainsi, un honnête homme se marie. Sa femme le trahit odieusement et lui fait élever comme son fils le fruit de l'adultère! Et parce qu'on ne lui jette pas, à cette créature, son infamie à la face, elle croit pouvoir se draper dans sa fausse vertu et prononcer, le front haut, devant celui-là même qu'elle a bafoué, les mots de famille, de conscience et de devoir!

LA DUCHESSE.

Ah ça! monsieur, que voulez-vous dire?

LE DUC, *marchant sur elle*.

Je veux dire que vous êtes arrivée à l'heure la plus ter-

rible de votre vie. Je veux dire que vous croyez n'avoir
devant vous qu'une dupe, tandis que vous êtes en présence d'un juge et d'un bourreau.

LA DUCHESSE.

Moi?

LE DUC.

Ne prétendiez-vous pas l'autre jour que j'étais le mauvais génie de votre fils? Eh bien! votre instinct ne vous
trompait pas. Oui, je vous l'ai arraché dès son enfance;
oui, j'ai étouffé en lui tous les bons sentiments et déve-
loppé tous les vices; oui, je vous ai mis sous les yeux
toutes ses turpitudes. Et cela, je l'ai fait avec une joie féroce, parce que c'était le seul châtiment qui me parût
digne de votre crime! parce que je te hais, parce que je
te hais à présent autant que je t'ai aimée!

LA DUCHESSE, *épouvantée*.

Et pourquoi donc, mon Dieu?

LE DUC.

Non, elle ne s'est jamais dit que, si bien cachée qu'on
la croie, une faute laisse toujours des traces et que je
pouvais avoir tout appris!

LA DUCHESSE.

Mais de quoi m'accusez-vous donc?

LE DUC.

De m'avoir déshonoré!... Henry n'est pas mon fils.

LA DUCHESSE, *tombant sur le canapé*.

Ah! il est devenu fou!... Mais c'est monstrueux ce que
vous dites là!

LE DUC.

Vous allez voir qu'elle va nier!

LA DUCHESSE, *se soulevant.*

M'accuser, moi, sur quelles preuves?

LE DUC.

Madame la duchesse, quand on a un adultère sur la conscience, il est de la plus simple précaution de ne pas laisser traîner des lettres pareilles. La voilà, cette lettre, sur laquelle depuis si longtemps je pleure de rage et de désespoir. Tiens, lis, misérable! *(Il tire de son sein la lettre et la lui donne.)*

LA DUCHESSE.

De Julien?... Ah! mon Dieu! je comprends tout!... C'est affreux!

LE DUC.

Vous restez confondue.

LA DUCHESSE, *se levant.*

Écoutez, monsieur, vous êtes le jouet d'une épouvantable erreur! Cette lettre ne m'a jamais été adressée, n'était pas pour moi.

LE DUC.

Évidemment! Ce n'est pas votre nom qui est écrit là.

LA DUCHESSE.

C'est vrai... C'était moi qui recevais les lettres! Et tout, en effet... *(Elle lit la lettre.)* semble m'accuser. Ce billet équivoque ne nomme personne... Oh! quelle fatalité!

LE DUC.

Eh bien! j'attends. Voyons, justifiez-vous.

LA DUCHESSE.

Ainsi, monsieur, c'est sur cette prétendue preuve que
vous m'avez jugée, condamnée! Et sans même entendre
celle que vous accusiez d'un tel crime!... C'est pour
cela que vous avez dépravé mon enfant, que vous m'avez
martyrisée, moi? Ah! qu'avez-vous fait? C'est horrible!
Vous être tu si longtemps, quand d'un mot je pouvais
vous désabuser!

LE DUC, *violemment.*

Dites-le, ce mot! *(Avec un rire douloureux.)* Voyons un
peu ce qu'elle va inventer!

LA DUCHESSE.

Quand je pense que tout ce mal est arrivé parce que
j'ai voulu vous épargner une douleur, une honte! Dieu
m'est témoin qu'aujourd'hui même, si vous n'étiez pas si
aveuglé, je vous cacherais encore la vérité!... Mais maintenant je n'ai plus le droit de me taire. Il s'agit de mon
fils, de mon honneur! Il faut que je parle!... Je puis, je
dois dire à présent que Julien était l'amant d'Anna, de
votre sœur.

LE DUC, *poussant un cri.*

Ah!

LA DUCHESSE.

Et que l'enfant dont il parle ici *(Montrant la lettre.)* ce
n'est pas notre Henry, c'est Jane!

LE DUC, *troublé.*

Mensonge!...

LA DUCHESSE *va rapidement ouvrir un petit meuble et en tire
un paquet de lettres qu'elle présente au Duc.*

Tenez, voyez, de la même écriture! Et celle-ci :
« A Madame de Soulanges. Ma chère Anna... » Toutes

les lettres de Julien à votre sœur... Sans doute, il y en a qui sont adressées à mon nom... Hélas! j'étais leur confidente; par affection, par pitié pour la pauvre femme, j'avais consenti... Lisez!... Lisez!... *(Le duc lit.)* Doutez-vous encore?

LE DUC *se saisit des lettres, y jette un regard, puis, après les avoir fébrilement parcourues, il s'écrie :*

Ah! malédiction sur moi! J'ai tué mon fils!

LA DUCHESSE.

Malheureux! que dites-vous?

LE DUC *va au fond et agite violemment la sonnette.*
Un domestique paraît.

Vite! Vite! La voiture... les meilleurs chevaux!... Ah! que de temps perdu!

LA DUCHESSE, *le suivant.*

Mais enfin?

LE DUC, *au comble de l'agitation.*

Henry! Henry! Ah! vous ne savez pas ce que j'ai fait!

LA DUCHESSE.

Henry!

LE DUC.

Henry court à un guet-apens où il va trouver la mort...

LA DUCHESSE.

Ah!... *(Elle tombe à genoux.)*

LE DUC.

Et c'est moi, moi son père, qui l'ai envoyé là!... Je suis un assassin, un misérable!... J'ai tué mon enfant! *(Il sort en courant.)*

ACTE IV

A Louveciennes, dans le pavillon du Duc

Un petit salon. Porte à droite, sous laquelle filtre un rayon de lumière.

Petite porte à droite. Fenêtre au fond. Au lever du rideau, la scène est vide et dans l'obscurité.

SCÈNE PREMIÈRE

LE DUC, *seul. Il entre par la petite porte à droite, en désordre.*

Ah! me voici dans ce maudit pavillon. Enfin!... J'arrive à temps! Henry est encore là. Mais Castéja, lui, où est-il? Il doit se cacher dans les environs, et armé, j'en suis sûr! Oh! mon Henry, par quelle tendresse et quel dévouement pourrai-je reconquérir le droit de t'aimer? *(Il va à la fenêtre et regarde au dehors.)* Ah! Castéja est là sur la lisière du bois. Impossible de sortir sans être vu. Que faire, maintenant?

SCÈNE II

LE DUC, HENRY. *Henry entre au fond, un flambeau
à la main, la scène s'éclaire.*

HENRY.

Qui va là ? *(Reconnaissant son père.)* Toi !

LE DUC, *vivement.*

Oui, c'est moi ! mon Henry, mon fils ! Mais dépose ce
flambeau entre la fenêtre et nous.

HENRY, *surpris.*

Comment ?

LE DUC.

Fais d'abord et tire ce rideau. *(Henry dépose son flambeau et
tire le rideau.)* De cette façon, Castéja ne verra pas deux
ombres d'homme dans cette chambre.

HENRY.

Mais enfin, papa, m'expliqueras-tu ?

LE DUC.

Dis-moi. Quand vous êtes entrés ici, madame de Castéja
et toi, tu n'as pas remarqué qu'on vous suivît ?

HENRY.

Non, mais pourquoi ?

LE DUC, *à lui-même.*

Bien, Castéja aura été en retard. Il ne les a pas vus

entrer. Il n'a pas pu reconnaître sa femme. *(Haut.)* Vous
êtes ici depuis peu de temps?

HENRY.

Vingt minutes à peine. Nous commencions seulement
à nous expliquer. Et je subissais une scène!...

LE DUC.

Vous ne vous êtes mis à la fenêtre ni l'un ni l'autre?

HENRY.

Non, mais ces questions?

LE DUC.

Voilà! Le mari a été prévenu.

HENRY.

Ah! diable!

LE DUC.

Il est en bas, et il vous guette.

HENRY.

Pauvre femme! Elle est perdue!

LE DUC.

Nous allons essayer de la sauver.

HENRY.

Castéja ne t'a donc pas vu entrer, toi?

LE DUC.

Non, mais j'ai eu du mal. Un instant après ton départ,
j'apprends le danger qui vous menaçait. Je saute en voiture et j'arrive. Je cherche d'abord ton coupé, que je
trouve arrêté à l'autre bout du parc. Pierre me conte
qu'un instant après que vous fussiez descendus pour
vous rendre ici, un inconnu l'avait interrogé. Heureuse-

ment Pierre a fait la bête. Il lui est seulement échappé
que tu étais avec une femme.

HENRY.

Aïe! L'imbécile!

LE DUC.

Alors je me suis avancé sous les taillis, et je te prie de
croire que j'entendais mon cœur battre!... J'ai fait le
grand tour, toujours sous le feuillage; et, sans faire plus
de bruit qu'un renard en chasse, je suis entré par la petite porte de derrière, qui touche au bois. Avisons, et
rapidement!

HENRY.

Ah! mon brave père!

LE DUC.

Voyons! L'essentiel est de faire partir madame de Castéja sans que son mari la voie.

HENRY.

Oui, mais comment?

LE DUC.

J'y suis bien entré, moi!

HENRY.

Un homme, c'est facile!

LE DUC.

Qu'est-ce que c'est que cette dame? S'évanouit-elle?

HENRY.

Non, une petite Espagnole, vaillante, beaucoup de
nerfs...

LE DUC.

Va la prévenir. Qu'elle s'apprête et qu'elle n'oublie rien surtout, ni gants ni voilette. Et reviens.

HENRY.

Bon! j'y vais. *(Il sort au fond.)*

SCÈNE III

LE DUC, *seul.*

Pas d'autre issue possible que cette porte par laquelle je me suis glissé ici. Oui, mais que de dangers! Une femme! avec leurs satanées robes! Au moindre bruit, Castéja, qui est aux aguets, les poursuit. Et il est armé! Ah! c'est à devenir fou!

SCÈNE IV

LE DUC, HENRY.

HENRY, *revenant.*

Elle n'a pas perdu la tête. Tout ira bien.

LE DUC.

Sa jupe, soie ou laine?

HENRY.

Cachemire noir.

LE DUC, *qui a repris son sang-froid.*

Bon! pas de frou-frou. Vous allez descendre sur la pointe du pied, sans lumière. Vous ouvrirez tout doucement la porte. Elle ne crie pas. Castéja est là, sur la droite. Vous prendrez le sentier, à gauche, sous les lilas. Il est tapissé de mousse. Et c'est heureux! Vous gagnerez l'orangerie. Le landau qui m'a amené est là, derrière.

HENRY.

Papa, tu es superbe!

LE DUC.

Une fois là, ce n'est pas tout. Que madame de Castéja monte dans le landau et soit chez elle avant une heure, couchée, et pas de boue aux bottines. Toi, entre dans l'orangerie. Tu y trouveras ta mère et Jane.

HENRY, *avec surprise.*

Ma mère! Jane!

LE DUC.

Castéja sait qu'il y a une femme ici; il faut qu'il en trouve une! Tu les ramèneras par le même chemin, toujours sans bruit.

HENRY.

Ah! je te comprends! Admirable!

LE DUC.

Allons, fais vite.

HENRY.

Mais toi?

LE DUC.

Moi, je reste. Il faut que Castéja croie que vous êtes

toujours là. Ma silhouette sur ce rideau va le retenir à
son poste. *(Il place le flambeau sur le devant de la scène.)*

HENRY.

Mais il n'y a pas de danger pour toi, au moins, avec
cette bête féroce? S'il était armé?

LE DUC, *vivement.*

Il ne l'est pas! En tous cas, le danger ne serait que
pour toi. Ainsi...

HENRY, *gaiement.*

Sois tranquille. Nous lui passerons sous le nez... Mais
comme tu as donc tout prévu!

LE DUC.

Il le fallait bien.

HENRY.

C'est égal, tu vois, j'avais raison en ne voulant pas
venir ce soir.

LE DUC.

Sans doute... mais va!

HENRY, *en sortant.*

A tout à l'heure.

LE DUC, *avec émotion.*

Eh bien, Henry, tu ne m'embrasses pas?

HENRY.

Oh! *(Il lui saute au cou.)*

LE DUC, *l'embrassant avec passion.*

Mon fils!

HENRY.

Mais... comme tu es ému!

LE DUC.

Dame! c'est bien naturel... quand l'honneur d'une femme est en jeu. Mais va, va!... *(Au moment où Henry s'éloigne, le Duc l'attire à lui et l'embrasse encore. Henry sort.)*

SCÈNE V

LE DUC, *seul.*

Ah! c'est la première fois que j'ai embrassé mon enfant! Mais il n'est pas encore sauvé. *(S'approchant de la fenêtre et soulevant un peu le rideau.)* L'autre est là, derrière le platane. Je vois briller le canon de son fusil. *(Allant écouter à la porte.)* Ils ne sont plus là, ils descendent! Vite, la lumière de ce côté, que l'autre puisse voir mon ombre sur le rideau. Oh! quelle angoisse! *(A la porte de droite toujours écoutant.)* Ils sont en bas... ils ne font pas de bruit, et cependant... je les entends, moi! *(Revenant à la fenêtre.)* Et lui? *(Regardant.)* Il n'a pas bougé... Mais ils sont dehors maintenant... dehors! c'est-à-dire à sa merci! Mon Dieu! Mon Dieu! *(Pause.)* Ciel! il me semble qu'il a changé de place? Oh! cette arme! Est-ce qu'il n'y aurait pas moyen de la lui arracher? Ma vie pour cette arme! *(Comme frappé d'une pensée soudaine.)* Ah! si je la rendais inutile!... S'il me voyait à cette fenêtre ouverte, j'ai à peu près la taille d'Henry, de loin on peut nous prendre l'un pour l'autre. Castéja le suppose enfermé avec sa femme. Dans sa rage, il irait peut-être jusqu'à tirer sur moi. *(Il va pour ouvrir la croisée.)* Mais c'est la mort que je risque! Bah! j'ai fait assez de mal à Henry et à sa mère, je leur dois bien cela! *(Il écarte lentement le double rideau, ouvre la fenêtre toute grande, et reste là, face au public.)* Castéja m'a vu. Il sort de sa cachette. Il épaule... Effaçons-nous, comme en duel... Louise!... Henry!... adieu! *(Double coup de feu.)* Ah! ce n'est qu'un maladroit, et mon fils est sauvé. Peste! j'ai senti le vent des deux balles... Mais, du calme. *(Courant à la fenêtre.)* Eh là! *(Il recule devant Castéja qui vient d'escalader le balcon et se précipite dans la chambre, un couteau entre les dents.)*

SCÈNE VI

LE DUC, CASTÉJA.

CASTÉJA, *reconnaissant le Duc.*

Le duc?

LE DUC.

Comment! c'est vous qui me tirez dessus, qui escaladez mon balcon, qui entrez ici le couteau à la main! Qu'est-ce que ça veut dire?

CASTÉJA.

Ma femme! Ma femme est ici, avec votre fils!

LE DUC.

Vous êtes fou, mon cher!

CASTÉJA.

Ah! J'en suis sûr. Et je vais...

LE DUC, *avec autorité.*

Vous allez d'abord me rengainer ce couteau, et vous tenir tranquille.

CASTÉJA, *furieux.*

Duc, je veux fouiller cette maison. Place!

LE DUC, *barrant la porte du fond.*

Vous ne passerez pas!...

CASTÉJA.

Ma femme est dans cette chambre!

LE DUC, *avec force.*

Madame de Castéja n'est pas ici! Quant à la femme qui était avec Henry, c'est... ce n'est pas la vôtre! *(A part, ayant tendu l'oreille et perçu un bruit.)* Ah! les voilà. Ils reviennent. *(Haut.)* C'est Jane, ma nièce, qu'il enlevait et après qui nous avons couru, la duchesse et moi!

CASTÉJA, *stupéfait.*

Jane! Votre nièce!

HENRY, *du dehors.*

Mon père! Mon père!

SCÈNE VII

LE DUC, CASTÉJA, LA DUCHESSE, HENRY, JANE.

LE DUC, *à Castéja.*

Surtout, monsieur, pas un mot devant ces dames.

HENRY, *entrant avec sa mère et Jane.*

Te voilà! Ah! nous avons eu une peur! Ces coups de feu!

LE DUC.

Rien, mon enfant, une maladresse... Un fusil que je ne croyais pas chargé...

HENRY, *bas, à son père, ardemment.*

Oh! père. *(Feignant l'étonnement.)* Monsieur de Castéja?

LE DUC.

Qui revenait à Saint-Germain, par les bois, et qui, voyant de la lumière dans ce pavillon...

CASTÉJA, *saluant la duchesse et Jane.*

Mesdames! *(Bas, au Duc.)* Oh! mon cher duc, que d'excuses!... Je suis un véritable sauvage.

LE DUC, *bas à Castéja.*

Eh! eh! vous avez failli me tuer... Tentative de meurtre, escalade, vous allez bien pour un début! Mais je suis généreux, je n'en dirai rien à madame de Castéja. Seulement... ne jouez plus avec les armes à feu.

CASTÉJA, *très troublé.*

Mais je crains d'être indiscret, et je demande la permission de me retirer.

HENRY, *bas à son père.*

Elle a un quart d'heure d'avance, tu peux le laisser partir.

LE DUC.

Au revoir, donc, mon cher comte. Mais donnez-moi le

plaisir de vous annoncer, à vous le premier, le prochain mariage de mon fils, le marquis Henry de Cardigan, avec mademoiselle Jane de Soulanges, ma nièce.

CASTÉJA.

Mes compliments!... *(Castéja s'incline devant les dames et s'éloigne, reconduit par le Duc.)*

LE DUC, *à Castéja qui va sortir.*

Ah ça! qu'est-ce qui vous a donné ce soupçon offensant pour madame de Castéja?

CASTÉJA.

Ne parlons plus de cela, mon cher duc. C'est ce petit drôle de Max... Mais il y a encore des cannes!... *(Il sort.)*

SCÈNE VIII

LE DUC, LA DUCHESSE, HENRY, JANE.

LE DUC, *bas, à la Duchesse.*

Pourrez-vous jamais me pardonner, madame?

LA DUCHESSE, *de même.*

Oh! je ne me souviens plus que d'une chose, c'est que vous avez sauvé mon fils! *(Le Duc baise les mains que lui tend la Duchesse.)*

JANE.

Mais, Henry, je ne comprends rien à tout cela, moi. Cette dame voilée que tu as mise en voiture?...

HENRY.

Je t'expliquerai tout, plus tard. C'est de la haute poli-
tique...

LE DUC, *à Henry*.

Voyons, Henry, es-tu content de moi?

HENRY.

Oh! père!

LE DUC.

Eh bien, embrasse-moi encore! *(Henry se jette dans les bras de son père.)*

Achevé d'imprimer

le vingt-neuf mars mil neuf cent neuf

PAR

ALPHONSE LEMERRE

6, RUE DES BERGERS, 6

A PARIS

I. — 4868.

ŒUVRES COMPLÈTES
DE
FRANÇOIS COPPÉE
Édition in-18 jésus, papier vélin

POÉSIE

THÉÂTRE

PROSE

Paris. — Imp. A. LEMERRE, 6, rue des Bergers. — 3.—1868.

BIBLIOTHÈQUE NATIONALE DE FRANCE
3 7531 00594775 0

www.ingramcontent.com/pod-product-compliance
Lightning Source LLC
LaVergne TN
LVHW012336170726
843503LV00002B/851